Educação ambiental, saúde e qualidade de vida

SÉRIE EDUCAÇÃO AMBIENTAL

DIALÓGICA

O selo DIALÓGICA da Editora InterSaberes faz referência às publicações que privilegiam uma linguagem na qual o autor dialoga com o leitor por meio de recursos textuais e visuais, o que torna o conteúdo muito mais dinâmico. São livros que criam um ambiente de interação com o leitor – seu universo cultural, social e de elaboração de conhecimentos –, possibilitando um real processo de interlocução para que a comunicação se efetive.

Educação ambiental, saúde e qualidade de vida

Maria Eneida Fantin
Edinalva Oliveira

Rua Clara Vendramin, 58 • Mossunguê
CEP 81200-170 • Curitiba • PR • Brasil
Fone: (41) 2106-4170
www.intersaberes.com
editora@editoraintersaberes.com.br

- Conselho editorial
  Dr. Ivo José Both (presidente)
  Drª Elena Godoy
  Dr. Nelson Luis Dias
  Dr. Neri dos Santos
  Dr. Ulf Gregor Baranow

- Editora-chefe
  Lindsay Azambuja

- Supervisora editorial
  Ariadne Nunes Wenger

- Analista editorial
  Ariel Martins

- Capa e projeto gráfico
  Mayra Yoshizawa

Dados Internacionais de Catalogação na Publicação (CIP)
(Câmara Brasileira do Livro, SP, Brasil)

1ª edição, 2014.

Foi feito o depósito legal. Informamos que é de inteira responsabilidade das autoras a emissão de conceitos. Nenhuma parte desta publicação poderá ser reproduzida por qualquer meio ou forma sem a prévia autorização da Editora InterSaberes. A violação dos direitos autorais é crime estabelecido na Lei n. 9.610/1998 e punido pelo art. 184 do Código Penal.

Fantin, Maria Eneida
Educação ambiental, saúde e qualidade de vida/Maria Eneida Fantin, Edinalva Oliveira. – Curitiba: InterSaberes, 2014. – (Série Educação Ambiental).

Bibliografia.

ISBN 978-85-8212-920-3

1. Educação – Estudo e ensino 2. Educação ambiental 3. Qualidade de vida I. Oliveira, Edinalva. II. Título. III. Série.

13-08781   CDD-370.71

Índice para catálogo sistemático:
1. Educação: Estudo e ensino 370.71

Sumário

7 *Apresentação*

11 **1. Visão de mundo, relação homem-natureza e construção da razão na Modernidade**

14 A razão medieval

18 A razão moderna

22 O mundo moderno: perplexidade e reação

33 **2. As tendências teóricas sobre a questão ambiental**

38 As escolas do pensamento ecológico

41 O movimento pela ecopedagogia

51 **3. Os debates sobre os problemas ambientais e a educação**

53 As grandes conferências mundiais sobre o meio ambiente

58   Os debates mundiais sobre o meio ambiente e a inclusão da educação ambiental no currículo escolar

71   Os limites e as possibilidades da educação ambiental na escola

75   **4. Legislação e políticas públicas para o ambiente: um aporte para a qualidade de vida e a saúde das gerações futuras**

84   Meio ambiente, qualidade de vida e saúde

93   *Considerações finais*
97   *Referências*
103   *Sobre as autoras*

Apresentação

Este livro tem como objetivo proporcionar momentos de reflexão individual e coletiva, com o intuito de provocar uma relação dialógica entre você, leitor, e o texto, da qual certamente resultarão outros tantos olhares sobre as questões de educação ambiental, saúde e qualidade de vida. Tais reflexões estão abertas às críticas, às discordâncias e aos eventuais consensos que todo olhar desperta nas outras perspectivas de análise.

Nosso objetivo maior é levantar hipóteses e problematizar temas e conceitos, para que estes não nos passem despercebidos e possam, na coletividade da discussão, enriquecer nossa compreensão. Assim, não oferecemos muitas respostas, mas, certamente, muitas perguntas.

O livro foi dividido em quatro capítulos. No primeiro, procuramos pincelar, por meio de um rápido passeio pela história da filosofia, a construção da razão moderna. Nossa perspectiva é a de que a visão de mundo atual, no que se refere à relação homem-natureza e ao conceito de qualidade de vida, nasceu e se desenvolveu com a emergência do modo de produção capitalista, com a fé na ciência, na tecnologia e no progresso. Argumentamos que essa visão de mundo não foi construída sem causar desconfortos, questionamentos e movimentos de reação, mas que se tornou hegemônica por muito tempo e, atualmente, vê-se na possibilidade de ser questionada. No segundo capítulo, apresentamos as principais tendências teóricas ligadas ao ambientalismo, identificando os posicionamentos políticos que as sustentam. Também elencamos alguns conceitos da ecologia e da educação ambiental, demonstrando suas diferentes possibilidades de compreensão e os tipos de intervenção aos quais cada interpretação conceitual está relacionada. No terceiro capítulo, fazemos um apanhado histórico dos principais eventos internacionais referentes ao ambientalismo e à educação ambiental, analisando suas tendências políticas e as consequências concretas de suas proposições. Também discorremos sobre as possibilidades e os limites da educação ambiental diante da diversidade teórica que envolve o tema. Por fim, no quarto capítulo, colocamos em pauta a legislação brasileira sobre a problemática ambiental, relacionando seus limites com as diretrizes políticas de um Estado capitalista, e nos dedicamos a algumas reflexões sobre qualidade de vida e saúde. Para isso, centramo-nos na argumentação de que é impossível tratá-las separadamente da questão ambiental, ainda que para fins didáticos. Sociedade e natureza, dessa perspectiva, têm seus desenvolvimentos históricos presos às raízes do capitalismo e da razão moderna.

    Esse foi o recorte escolhido para a construção desta obra. Esperamos que ele desperte em você a vontade de pesquisa e o faça, ao final da leitura, desenvolver, além de autonomia crítica em relação à interpretação das questões ambientais, uma concepção analítica do papel da educação ambiental no currículo escolar, da importância política e dos limites de seu ensino.

Visão de mundo, relação homem--natureza e construção da razão na Modernidade

A relação do ser humano com o conhecimento, consigo mesmo e com o mundo sofreu alterações significativas nos últimos cinco séculos. Entre elas, houve a quebra de paradigmas, a criação de uma nova racionalidade e a construção de uma sociedade submetida ao domínio da ciência e da tecnologia. É sobre as relações entre essas questões e a problemática ambiental atual que pretendemos discorrer neste primeiro momento.

A forma de viver da humanidade sempre foi marcada por uma íntima relação com a natureza, embora essa relação tenha passado por profundas transformações ao longo dos tempos.

Sabemos que diversos grupos sociais espalhados pelos continentes do planeta não viveram a história da Europa, mas não podemos negar que parte deles sofreu suas consequências. Ofereceram as mais diversas formas de resistência, mas, ainda assim, foram de variadas maneiras submetidos a mudanças. Detemo-nos, inicialmente, à compreensão dessas alterações. Entre a decadência do modo de produção feudal e o estabelecimento de um modo de produção capitalista, emergiu um período histórico de transição, o qual denominamos *Modernidade* (século XV ao XIX). Delimitamos esse período entre as Grandes Navegações (século XV) e a Revolução Francesa (século XVIII).

Com o fim do feudalismo, a mobilidade pessoal europeia aumentou consideravelmente a ampliação dos assentamentos humanos urbanos, os primórdios das cidades contemporâneas. No âmbito da produção, essa mobilidade veio acompanhada de mudanças nas relações sociais, econômicas e de trabalho, fazendo crescer, em um primeiro momento, o trabalho artesanal e, depois, as atividades manufatureira e industrial. Em cada uma dessas etapas, as relações de produção e de trabalho se alteraram. Aos poucos, o trabalhador, que, no passado, dominava as técnicas tanto de produção de um item como de sua consequente passagem para o mercado, perdeu o domínio sobre essas etapas, ficando responsável por executar uma única tarefa, o que tornou seu saber alienado e fragmentado. Foram, assim, estruturando-se as relações de classes sociais do capitalismo (Marx; Engels, 2002).

No que tange à organização espacial, a aglomeração populacional urbana fez surgir novas necessidades em relação à circulação, à moradia, ao abastecimento de água, aos transportes etc. A percepção dessas necessidades deu-se em virtude do surgimento de doenças, epidemias, problemas com esgoto, lixo, deslocamento de trabalhadores, quantidade de alimento, entre outros fatores. É nesse ciclo de perturbações que nascem as noções de saúde e qualidade de vida, as quais passaram a fazer parte das relações sociais, diferenciando-se para cada classe – situação ainda não superada, pois a boa alimentação, o atendimento médico e odontológico de qualidade, o lazer, a educação e a cultura, bem como a segurança financeira, não são acessíveis a todos da mesma forma.

Nessa breve retrospectiva sobre a construção da razão moderna, vale pontuar alguns momentos característicos da transição entre a atualidade e o período que a antecedeu.

1.1 A razão medieval

O período medieval, assim como a Antiguidade Clássica, foi marcado pela supervalorização do conhecimento teórico em detrimento das atividades práticas. Esse fato tem raízes nas relações de trabalho, que eram baseadas na servidão. O ócio e a contemplação eram valorizados por serem praticados pela classe superior, enquanto a técnica era desvalorizada porque estava restrita à classe considerada inferior. Essa dicotomia entre o pensar e o fazer, nesses moldes, marcou esse período histórico e as relações entre sociedade e natureza (Aranha; Martins, 1993).

De acordo com Marcondes (2001, p. 103), o período medieval pode ser dividido:

> em duas fases totalmente distintas do ponto de vista filosófico e cultural. A primeira corresponde ao período que segue a queda do Império Romano (séc. V) praticamente até os sécs. IX-X, quando a situação política e econômica começa a se estabilizar. A fase final (sécs. XI-XV) equivale ao desenvolvimento da escolástica e à grande produção filosófica que se dá com a criação das universidades (séc. XIII) até a crise do pensamento escolástico e o surgimento do humanismo renascentista (sécs. XV-XVI).

Assim, na primeira fase do pensamento medieval, que começou a se esboçar no século III, com o princípio da decadência do Império Romano, e durou até o século IX, a religião católica surgiu como elemento agregador dos inúmeros reinos bárbaros formados após as invasões sofridas pelo império (que desapareceu no século V).

A Igreja Católica e o cristianismo moldaram a vida espiritual da Europa Ocidental; no entanto, a preocupação era para além do espírito. Para manter o *statu quo*, fazia-se necessário estabelecer relações entre a fé e a ciência, a natureza de Deus e da alma e a vida moral. Como ainda não existia o método científico moderno, a filosofia e a ciência se confundiam na formação de uma visão de mundo.

Nesse período, o pensamento platônico foi retomado, resgatando-se a premissa da hierarquia entre razão e sentidos. Conforme explicam Aranha e Martins (1993, p. 136), para Platão,

> se o homem permanecesse dominado pelos sentidos, só poderia ter um conhecimento imperfeito, restrito ao mundo dos fenômenos, das coisas que são meras aparências e que estão em constante fluxo. [...] O verdadeiro conhecimento, a episteme (ciência), é, ao contrário, aquele pelo qual a razão ultrapassa o mundo sensível e atinge o mundo das ideias, o lugar das essências imutáveis de todas as coisas, dos verdadeiros modelos [...]. Esse é o único mundo verdadeiro, e o mundo sensível só existe enquanto participa do mundo das ideias, do qual é apenas sombra ou cópia.

Os padres medievais apropriaram-se dessas premissas e fizeram uma aproximação entre elas a doutrina cristã. Santo Agostinho retomou a dicotomia platônica, afirmando que o mundo das ideias é regido pelas ideias divinas, que "o homem recebe de Deus o conhecimento das verdades eternas: tal como o Sol, Deus ilumina a razão e torna possível o pensar correto" (Aranha; Martins, 1993, p. 101).

A outra fase medieval (do século IX até o Renascimento) foi marcada pelo pensamento escolástico. Nela, surgiram as escolas monacais e as catedrais, além das universidades espalhadas pela Europa, onde era intensa a reflexão filosófica. Apesar dessa relativa expansão do conhecimento, a ciência hegemônica medieval continuou valorizando o conhecimento teórico em detrimento das atividades práticas, dissociando a discussão racional da técnica e do empirismo. A ciência medieval também relutava em incorporar as tentativas de experimentação e matematização das ciências da natureza e tinha a revelação divina como o principal critério de verdade na produção do conhecimento.

Ainda no século XII começaram a aparecer traduções de textos dos filósofos gregos clássicos (inicialmente Platão e, posteriormente, Aristóteles, feitas por São Tomás de Aquino), cuja interpretação, inicialmente, atrelou-se à visão de mundo medieval. O pensamento aristotélico relativo à física e à astronomia foi retomado e fundamentou a filosofia medieval, diferenciando a natureza do Céu e a da Terra, compreendendo a primeira como superior à segunda. Para Aristóteles, segundo Aranha (2012, p. 319),

> o Universo divide-se em:
>
> - *mundo supralunar*, constituído pelos céus [...] cristalino, inalterável, imperecível, transparente e imponderável. [...] os corpos celestes são incorruptíveis e perfeitos, não estando sujeitos a transformações, o movimento das esferas é circular, ou seja, o movimento perfeito.
>
> - *mundo sublunar*, corresponde à região da Terra que, embora imóvel, é o local dos corpos em constante mudança, portanto perecíveis, corruptíveis, sujeitos a movimentos imperfeitos [...].

Assim, o modelo da astronomia geocêntrica, com a oposição entre o Céu (movimento) e a Terra (estável), reproduzia a hierarquização e a ordem social medieval. Além disso, a doutrina da Igreja continuava atuando sobre o pensamento medieval. Mesmo exceções a esse pensamento, como Roger Bacon (século XIII – ver com os próprios olhos não é incompatível com a fé) ou Giordano Bruno (século XVI – o universo é infinito e se transforma continuamente), não conseguiram escapar de perseguições da Inquisição.

Com a valorização do pensamento em relação ao fazer prático e a vinculação dos fatos e fenômenos naturais à vontade divina, a razão medieval, nas duas fases da Idade Média, não direcionou a sociedade para o domínio da natureza. Contudo, ainda que se caracterize como um período de poucas transformações dos meios naturais (como florestas e rios), não é possível afirmar que as condições ambientais eram boas. As doenças advindas dos problemas com a higiene pessoal e o saneamento, bem como da contaminação por micro-organismos, seres desconhecidos na época, eram recorrentes na sociedade medieval.

Apesar de ter o século XV como marco do fim do período medieval, a Inquisição durou até o século XVIII. As Grandes Navegações, o Renascimento científico e a nova ordem burguesa foram seus contemporâneos por algum tempo. No entanto, a grande mudança na visão de mundo estava próxima.

1.2 A razão moderna

Vários foram os fatos históricos que culminaram com a construção do pensamento moderno. Entretanto, não há dúvida de que o advento do capitalismo (comercial) e a ética protestante levaram à superação dos valores medievais: a uma classe ociosa se opôs o valor do trabalho; a uma riqueza baseada em terras se opôs o

---

Roger Bacon, filósofo inglês e frade franciscano, "foi perseguido em várias ocasiões devido às ideias pouco enquadradas no mundo escolástico. Além de procurar aplicar o método matemático à ciência da natureza, fez diversas tentativas para torná-la experimental" (Aranha; Martins, 1993, p. 145-146).

Giordano Bruno, filósofo, matemático, astrônomo e teólogo italiano, teve um fim trágico. Acusado de panteísmo, foi "queimado vivo por ter defendido com exaltação poética a doutrina da infinitude do universo e por concebê-lo não como um sistema rígido de seres, articulados em uma ordem dada desde a eternidade, mas como um conjunto que se transforma continuamente" (Aranha; Martins, 1993, p. 145-146).

valor da moeda, dos metais preciosos, da produção manufatureira em crescimento e da procura por outras terras e mercados (Aranha; Martins, 1993, p. 148).

A religião, abalada e com a unidade perdida, deixava aos poucos de ser o suporte do saber. O critério da fé e da revelação foi posto em oposição, pelos pensadores da época, ao critério do poder da razão. Questionava-se a autoridade da igreja e a visão de mundo por ela imposta. Para o homem moderno, só a razão é capaz de conhecer. A essa característica do pensamento, que se opõe ao saber contemplativo, chamou-se *racionalismo*. O saber moderno convida à observação e à experimentação da realidade e deseja retornar ao mundo para transformá-lo. Surgiu, então, a aliança da ciência com a técnica.

Galileu trouxe para esse período uma das contribuições mais revolucionárias: resgatou os estudos de Copérnico, em oposição aos de Aristóteles e Ptolomeu, e defendeu a teoria heliocêntrica. Apesar de ter negado suas próprias ideias, foi condenado pela Inquisição, mas estabeleceu um corte entre duas leituras de mundo completamente distintas. Galileu separou razão e fé, buscando a verdade científica oposta às verdades reveladas. A insignificância da Terra e do Sol no novo Universo revelado levava ao questionamento do lugar do ser humano no mundo, à subversão da ordem (Aranha; Martins, 1993, p. 151). Além da astronomia, Galileu revolucionou também a física, demonstrando, por meio de seus estudos, a importância da observação, da experiência e da técnica. Outros nomes podem ser citados como participantes desse contexto, como Kepler, Newton, Pascal e Descartes, cujas pesquisas, teorias e descobertas romperam com o paradigma medieval.

Com a Modernidade, fez-se necessária a construção do método científico. A ciência moderna pretendia ser absoluta, inquestionável, opondo-se à ciência medieval. Por isso, as reflexões científicas passaram a centrar-se também na teoria do conhecimento, isto é, no ramo da filosofia que discute a origem e a validade do conhecimento e questiona o que ele é e como é obtido.

Nesse contexto, segundo Marcondes (2001), destacam-se, inicialmente, Descartes e a tradição racionalista e Bacon e a tradição empirista. A partir do princípio das ideias inatas cartesianas, resultantes exclusivas da capacidade humana de pensar, a razão pode levar o indivíduo a atingir verdades universais e eternas, segundo os racionalistas, que também consideravam a experiência sensível apenas uma ocasião do conhecimento, sujeita a enganos. Por outro lado, os empiristas consideravam a experiência (e os sentidos, para Locke) fundamental, estando a razão a ela subordinada (Marcondes, 2001).

Em Descartes, citado por Chaui (2000), está a pretensão do homem de dominar a natureza por meio da técnica. Segundo o estudioso, para dominá-la, é preciso conhecê-la. Para compreendê-la, Descartes separa definitivamente sujeito de objeto e abstrai ambos. A natureza, para ser compreendida, dever ser abstrata, sem qualidades, matematizada. O sujeito do conhecimento também deve ser abstrato, sem emoções, sem história, e fugir dos enganos do sentido, buscando na geometria e na álgebra o conhecimento puro e a pura consciência de si (*cogito*). De acordo com Descartes, citado por Chaui (2000), era preciso dominar tanto a natureza exterior quanto a interior para alcançar o conhecimento. O objetivo final é que nenhum mistério reste para ser desvendado, que o pensamento esteja livre dos conteúdos psicológicos e históricos.

Assim, o cartesianismo e a ciência galileana no século XVII romperam com a razão na fé divina, aliaram ciência e técnica, abdicando da contemplação da natureza para conhecê-la e dominá-la, dessacralizando-a. Separaram o sujeito do objeto, centrando a atenção neste, e "colocaram a realidade exterior ou os objetos do conhecimento no centro e fizeram a razão, ou o sujeito do conhecimento, girar em torno deles" (Chauí, 2000, p. 95). Esse foi o berço do Iluminismo que marcou o século XVIII.

Enquanto os séculos XVI e XVII foram marcados pelo "nascimento e infância" do capitalismo e da burguesia, o século XVIII e o Iluminismo marcaram a emancipação e a maioridade de ambos. O sistema capitalista fortaleceu-se como modo de produção predominante. Criou-se a máquina a vapor e iniciou-se a mecanização da indústria. O século XVIII foi o período da revolução burguesa, cujos ecos atingiram outros continentes, o que deflagrou movimentos sociais em direção à sociedade capitalista.

As bases do pensamento e da razão modernos também se sustentam em outros tantos pilares aqui não mencionados. Não recorremos a outros importantes pensadores para não alongar ainda mais essa discussão filosófica inicial. São inquestionáveis, por exemplo, a grandiosidade das contribuições de Kant, Hegel, Marx e Engels para as discussões sobre questões do conhecimento, da relação sujeito-objeto, da verdade e da ciência, da técnica e da razão.

No entanto, para objetivar nosso recorte neste estudo, lembramos que os filósofos anteriormente citados diferenciavam-se em correntes idealistas (Kant e Hegel) e materialistas (Marx e Engels), mas aproximavam-se ao não criticar a ciência e a técnica como raízes da racionalidade iluminista, bem como ao manterem uma espécie de fé na razão (instrumental) e nas ciências modernas.

Nas primeiras décadas do século XX, a chamada *teoria crítica* (escola de Frankfurt) denunciou a razão instrumental como

"Para o materialismo, o mundo material é anterior ao espírito e este deriva daquele. Trata-se de uma visão oposta ao idealismo, que considera o mundo material como a encarnação da 'ideia absoluta' da 'consciência'" (Aranha; Martins, 1993, p. 120).

responsável pelo fracasso das promessas iluministas e do projeto da Modernidade, argumentando que a ciência e a técnica, ao desnaturalizarem o homem e a natureza, pretendiam acabar com o mito e trazer o conhecimento à luz da razão.

Entretanto, ambas acabaram por se mitificar e ideologizar. Quando um conhecimento científico é retirado de seu contexto histórico e tomado de forma reducionista para explicar outra teoria, estamos diante de um uso ideológico e, portanto, interessado e distorcido desse conhecimento. Por exemplo: quando Herbet Spencer, filósofo, biólogo, antropólogo e sociólogo inglês, tomou a teoria da evolução das espécies de Darwin e a aplicou à sociedade, argumentou que essa teoria fundamentava o fato de que, no âmbito social, só os mais aptos se tornariam naturalmente superiores, ricos e poderosos. Ao ser tomada como uma verdade científica, essa explicação desembocou na mitologia cientificista (Chaui, 2000).

Assim, sem uma reflexão crítica, a ciência e a técnica, ao se tornarem mitos e ideologias da sociedade capitalista, reduziram as expectativas de felicidade à possibilidade de progresso material e à fé na tecnologia como solução para uma vida melhor.

1.3 O mundo moderno: perplexidade e reação

Antes de discorrermos sobre a perplexidade e os movimentos de reação em relação à vida moderna, precisamos tratar primeiramente da abordagem que foi feita sobre a problemática ambiental.

Conforme afirmamos anteriormente, talvez uma das principais características da Modernidade seja a crença de que a ciência e a tecnologia são portadoras de soluções para os problemas humanos e mensageiras da felicidade.

Desde as últimas décadas do século XIX, o conhecimento científico vem se distinguindo do senso comum, e a crescente especialização das áreas do saber tornou-se realidade (Souza Santos, 2010). Essa especialização intensificou ainda mais a intervenção do homem sobre a natureza, tornando-a definitivamente um objeto/uma fonte de recursos. Conforme explica Souza Santos (2010, p. 84):

> O capital industrial, financeiro e comercial concentra-se e centraliza-se; proliferam-se os cartéis; aprofunda-se a ligação entre o banco e a indústria; cresce a separação entre a propriedade jurídica das empresas e o controle econômico delas; aprofunda-se a luta imperialista pelo controle econômico das matérias-primas; aumenta [sic] a produção, a tecnologia a serviço do mercado está em constante mudança, as cidades industriais crescem e dominam regiões. Surgem as práticas de classe e as políticas de classe.

Essa intervenção sobre o meio natural, violenta, rápida e destrutiva, não foi inicialmente problematizada pela sociedade capitalista. A natureza era vista como longeva, mesmo em se tratando de recursos não renováveis. A fé na ciência generalizou a tranquilidade de que o meio ambiente teria capacidade de oferecer outros tipos de recursos quando os naturais finalmente se esgotassem. Tal crença foi um aspecto perverso da história do capitalismo.

Paralelamente e associada a essa perversidade, veio a nova forma de vida desencadeada pelas mudanças econômicas, sociais e políticas motivadas pelo capitalismo. O progresso e o conforto, resultados dos avanços científicos e tecnológicos e do crescente domínio humano sobre a natureza, não tardaram a se mostrar seletivos, sendo acessíveis a poucas pessoas.

Compactuamos, então, com autores como Gadotti (2000), Giansanti (1998), Cascino (1999) e Souza Santos (2010), que argumentam ser uma visão reducionista tratar da problemática ambiental abordando apenas os danos sofridos pela natureza, subjugada ao ideal de progresso e à fé na ciência moderna. O ser humano também foi vítima dessa racionalidade. Por isso, a pobreza, a fome, a miséria, o analfabetismo, o desemprego, a falta de dignidade e tudo mais que avilta o ser humano são parte da chamada *problemática ambiental* que se desenvolveu intrinsecamente ao modo de produção capitalista.

Isso posto, passamos agora ao exercício de entender a perplexidade despertada por tão rápidas e profundas mudanças ocorridas desde o fim do século XIX, quando as transformações que a ciência moderna e a tecnologia trouxeram para a vida humana ressignificaram valores, desejos, capacidades, crenças, disponibilidades, noções de tempo, de espaço etc.

O período entre o fim do século XIX e meados do século XX foi marcado por grandes transformações científicas e tecnológicas. Nele, a humanidade viveu o esforço de adaptar-se ao processo de desenvolvimento tecnológico, no qual a incorporação e a aplicação de novas teorias científicas propiciaram o domínio e a exploração de novos potenciais energéticos (Sevcenko, 2001). Em meados de 1870, com a chamada Revolução Científico-Tecnológica, desenvolveram-se as aplicações da eletricidade, com as primeiras usinas hidro e termelétricas; o uso dos derivados de petróleo (que dariam origem aos motores de combustão interna e, portanto, aos veículos automotores); o surgimento das indústrias químicas, de novas técnicas de prospecção mineral, dos altos-fornos, das fundições, das usinas siderúrgicas e dos primeiros materiais plásticos. No mesmo impulso, foram desenvolvidos novos meios de transporte, como os transatlânticos, os carros, os caminhões, as motocicletas, os trens expressos e os aviões, além de novos meios de comunicação, como o telégrafo com e sem fio, o rádio, os gramofones, a fotografia e o cinema. (Sevcenko, 2001, p. 15)

Essas transformações técnicas, a um só tempo, originaram e foram originadas pelas mudanças sociais, políticas, culturais e econômicas a elas contemporâneas. Encurtaram distâncias antes imaginadas como intransponíveis, redimensionando o tempo – de lazer, de deslocamento, de trabalho, de comunicação, de relações familiares e sociais, entre outros –, ampliando as possibilidades de estabelecer relações com lugares longínquos e criando necessidades antes impensadas.

Contudo, nesse contexto, a forma de perceber o ambiente e compreender os termos *saúde* e *qualidade de vida* ainda não tinham significado. A perplexidade que a construção das primeiras ferrovias (início do século XIX) causou nas sociedades locais atualmente não é mais lembrada ou imaginada pelos habitantes dos grandes centros urbanos, os quais vivem outras perplexidades (ou indignações), como a necessidade de transportes mais velozes e confortáveis, que tornem menos cansativos seus deslocamentos casa-trabalho-casa.

A Figura 1.1 ilustra uma estrada de ferro, meio que possibilitou a ampliação dos deslocamentos de pessoas no início do século XIX.

Figura 1.1 - Primeira estrada de ferro para locomotiva a vapor no Reino Unido

Crédito: Fotolia

Atualmente, os meios de transporte coletivos e individuais são muito diversos. Entretanto, o intenso ritmo de vida, o crescimento das cidades, a interdependência econômica e produtiva entre lugares distantes impõem aos trabalhadores exaustivas e inevitáveis viagens diárias. Esses deslocamentos podem ser mais rápidos do que os realizados pelas primeiras locomotivas, em termos de velocidade absoluta, mas são mais lentos do ponto de vista relativo, uma vez que as distâncias percorridas para se chegar ao trabalho ou transportar produtos tornam-se cada vez maiores ou mais congestionadas. Na Figura 1.2, a imagem de um eixo viário ilustra a diversidade de transporte rodoviário atual.

Figura 1.2 - Eixo viário

Crédito: Fotolia

Da mesma forma, como exemplo das transformações advindas do capitalismo, podemos citar as invenções, bem como a comercialização, de produtos eletrodomésticos, que alteraram rotinas, relações e papéis familiares, assim como as noções de tempo, trazendo possibilidades de comunicação e informação. Aparelhos como a máquina de lavar roupas, que, inicialmente, liberariam tempo para outros afazeres domésticos tornaram-se necessidade quando a mão de obra feminina foi incorporada ao mercado de trabalho. Mesmo assim, por muitas décadas, o acesso a esse tipo de produto obedecia ao critério seletivo de classe social (Sevcenko, 2001). Os eletroeletrônicos facilitadores da vida moderna não foram consumidos por todos desde o início. O preço inicial restringiu a comercialização dessas invenções e somente aos poucos as classes mais pobres vêm conseguindo ter acesso a elas. As mudanças nas relações sociais e de trabalho que a ciência e a tecnologia, aliadas à racionalidade capitalista, trazem para algumas parcelas sociais são grandes, como o desemprego causado pela robotização industrial. Na Figura 1.3 e no Quadro 1.1, vemos algumas invenções que causaram alterações sociais profundas.

Além desses aspectos, os danos causados à natureza para a produção desses objetos em larga escala são enormes, dada a velocidade com que os modelos se tornam obsoletos e são substituídos por outros melhores e mais modernos.

Figura I.3 - Robôs numa linha de montagem de automóveis

Crédito: Fotolia

Quadro 1.1 - Objetos tecnológicos que contribuíram para as mudanças das relações sociais e culturais nos últimos 140 anos

Inovações tecnológicas Quando foram lançadas e quantos anos as seguintes invenções levaram para ser utilizadas por mais de 50 milhões de pessoas		
1873	Eletricidade	46 anos
1876	Telefone	35 anos
1886	Automóvel	55 anos
1906	Rádio	22 anos
1926	Televisão	26 anos
1953	Forno de micro-ondas	30 anos
1975	Computador	16 anos
1983	Celular	13 anos
1993	Internet	4 anos

Fonte: Adaptado de O Sucesso... 1998.

Para não causar a impressão de que todas essas transformações ocorreram de forma tranquila, não conflituosa e sem reações críticas, elencaremos, de forma breve, alguns dos principais movimentos questionadores da vida moderna e das relações sociais capitalistas.

Ainda no século XIX surgiu, nos Estados Unidos, a corrente filosófica e literária denominada *transcendentalismo*. Liderada por Ralph Waldo Emerson (1803-1882), filósofo, escritor e poeta estadunidense, defendia "a volta a uma vida equilibrada, em profundo contato com a natureza e em harmonia com a essência humana" (Cascino, 1999, p. 23), influenciando os movimentos da desobediência civil e *hippie*. O primeiro nasceu nos Estados Unidos e tinha como líder Henry David Thoreau. Escritor e filósofo, ele "tornou-se um símbolo para grande parte do movimento ambientalista. [...] foi um símbolo de amor à natureza e de uma vida em busca de harmonia" (Cascino, 1999, p. 23). O filósofo estadunidense questionou a relação entre o homem e a natureza mediada pelo trabalho e pelo modo de produção capitalista, além de o Estado e seu papel de articulador das leis. As ideias de Thoreau também serviram de inspiração para a resistência ao imperialismo inglês na Índia, liderada por Mahatma Gandhi. Sua prática política sintetizava o pacifismo e a desobediência civil. A luta de Gandhi foi "fundada na não violência, na coerência entre credo religioso e prática existencial, na negação absoluta de qualquer exclusão social, na consideração de todas as partes interessadas nas negociações e nas falas" (Cascino, 1999, p. 23). Gandhi contribuiu para uma mudança de mentalidade política e, depois da Primeira Guerra Mundial, fez os grandes impérios repensarem e questionarem a estrutura colonialista.

Depois do intervalo histórico das duas grandes guerras, os anos após 1945 foram marcados por grandes novidades científicas, tecnológicas e sociopolíticas. Entre essas novidades, vale destacar outro momento importante de questionamento sobre o capitalismo e suas injustiças.

Na década de 1960, não só o rádio, mas também a televisão, mostravam notícias sobre lugares e conflitos do outro lado do planeta. Em paralelo, cresciam os movimentos sociais, como o *hippie*, o *black power*, o feminista, o da liberação sexual, entre outros, que questionavam a sociedade patriarcal, capitalista, repressora, responsável pelas duas grandes guerras e articuladora de outras, como a guerra do Vietnã.

Cascino (1999) afirma que foi nesse momento histórico de efervescência política e social que o movimento ambientalista nasceu. Contudo, em um mergulho mais profundo na história, podemos observar que os movimentos sociais da década de 1960 foram apenas um dos fatores que levaram à emergência do

---

Cascino nos dá exemplos concretos dessa efervescência. Em suas palavras, "entre 1967-1969 aconteceram os maiores festivais de *rock* de Monterrey a Woodstock e Altamont. Em 16 de janeiro de 1968, estreava no Rio de Janeiro a peça Roda-viva, de Chico Buarque de Hollanda [...]. Em 10 de Abril, Caetano Veloso participava da 'Noite da Banana', no Programa do Chacrinha. Ainda no mês de abril daquele ano, cerca de 60 mil manifestantes protestavam, no *Central Park* de Nova York, exigindo o fim da Guerra do Vietnã, e na Broadway era montado o musical *Hair*" (Cascino, 1999, p. 33-34).

movimento ambientalista, o qual vinha sendo gestado há muito tempo. O fato é que, a partir de então, importantes correntes do pensamento ecológico se apresentaram para um debate que até hoje não calou.

No próximo capítulo, vamos discorrer sobre as tendências teóricas do debate ambientalista e suas implicações políticas, bem como a educação ambiental e o envolvimento da escola nessa importante discussão contemporânea.

> O uso da energia nuclear para fins bélicos, os constantes testes atômicos, os mais graves desastres ambientais amplamente divulgados, entre outros, são apontados como elementos de influência para a emergência do movimento ambientalista no final da década de 1960 (Cascino, 1999).

As tendências teóricas sobre a questão ambiental

O modo como a humanidade reconhece o meio ambiente e convive com ele e, por conseguinte, com a questão ambiental, sofreu diferentes interpretações de cunho teórico ao longo dos tempos. O'Riordan (1989) apresentou uma das categorizações pioneiras para o ambientalismo, dividindo-o em duas correntes. A primeira, denominada *ambientalista tecnocêntrica*, foi fundamentada na manutenção da estrutura de poder vigente e incentivava a maior responsabilidade por parte das instituições políticas, reguladoras, educacionais e de planejamento no enfrentamento dos problemas ambientais. Para que esses fundamentos se concretizassem, o autor propôs duas vertentes:

- Intervencionista – Caracteriza-se pela crença na efetividade da ciência, nas forças de mercado e na gestão de recursos. Atribui à engenhosidade humana e ao desenvolvimento tecnológico a capacidade de contornar as limitações existentes em determinados períodos históricos, as quais eventualmente dificultam a satisfação de todas as necessidades e de todos os desejos humanos.

- Acomodacionista – Reconhece que os impactos humanos sobre a natureza devem ser moderados e se apoia na realização de algumas reformas que levavam em conta o componente ambiental. Produzindo mudanças superficiais, essa vertente constitui essencialmente uma estratégia de sobrevivência. A educação, sob essa perspectiva, deve gerar tão somente mudanças comportamentais e nos estilos de vida.

A segunda corrente do ambientalismo proposta por O'Riordan (1989), denominada *ambientalista ecocêntrica*, fundamenta-se na redistribuição do poder no contexto de uma economia descentralizada, que garante a justiça e a participação social. Essencialmente, essa corrente se subdivide em duas vertentes:

- Gaianista – Inspirada intensamente na filosofia da ecologia profunda, considera que os elementos físicos da natureza e os outros seres vivos estão no mesmo nível de importância que os seres humanos.

- Ecossocialista – Calcada na crença de que os problemas ambientais resultam de problemas sociais cujas raízes residem nas estruturas socioeconômicas e políticas injustas e excludentes.

O reconhecimento e a aceitabilidade dessas terminologias são variáveis. Contudo, é inegável que, no fim do século passado, o ambientalismo ganhou cada vez mais adeptos e defensores. Rocha (2013) afirma que as grandes tragédias ambientais do século XX (guerras mundiais, bombas atômicas, desastres com metais pesados, mudanças climáticas, proliferação de doenças e depleção da biodiversidade) culminaram em um enfraquecimento biosférico. De forma paralela, essas tragédias suscitaram a necessidade de mudanças fundamentais no modo de vida da população humana mundial.

No início deste século, em uma interpretação ecológica proposta por Marcatto (2002), o termo *ambientalismo* ganhou duas concepções: a primeira, a da ecologia radical – que agrega a ecologia tradicional, o protecionismo, o conservacionismo, a ecologia profunda, a economia ecológica e outras correntes que buscam enfatizar o enfoque ecológico –, apresenta duas visões teóricas distintas:

- Biocêntrica – Ressalta a importância da biocenose ou biota (conjunto de populações de espécies diferentes que habitam um biótopo comum ou comunidade biológica) em relação à antropocenose (comunidade humana para manutenção do equilíbrio ecológico).

- Ecológica – Fundamenta-se no tratamento mais científico das questões ambientais, afastando-se da postura mais romântica dos primeiros ambientalistas.

A segunda concepção proposta por Marcatto (2002) é a ecologia política, que propõe a necessidade de interpretação e análise dos problemas ambientais em função do seu contexto socioeconômico e político-ideológico.

Nas percepções de Pelicioni (2006), o enfrentamento da problemática ambiental ou a perspectiva ambientalista da constituição de sociedades sustentáveis não depende somente da construção de conhecimentos e do desenvolvimento de uma visão crítica da coletividade em relação à situação vigente. Nessa perspectiva, é crucial que haja uma organização comunitária e o encaminhamento de ações para a prevenção e a resolução dos problemas locais.

Independentemente dos conceitos e concepções que venhamos a adotar, o que de fato é relevante é o modo como nos engajamos individual ou coletivamente nas ações ligadas a projetos de educação ambiental, os quais partem de uma análise local para uma reflexão mundial. Por meio desse engajamento, chegaremos a uma educação ambiental efetiva, na qual os temas da desigualdade social e da mudança do atual sistema de valores vão se inverter do ter para o ser, quebrando os paradigmas estabelecidos e resgatando o sentimento de pertencimento do ser humano à natureza, como sugere Fiugueiredo (2008).

Corroborando as proposições de Pelicioni (2006), cabe ainda destacarmos que o desenvolvimento desses projetos implica transformações concomitantes em nossas três esferas de interação social: a da subjetividade individual – o modo ou a forma como refletimos e percebemos o ambiente –, a esfera microssocial do relacionamento interpessoal – o modo ou a forma como nossas práticas cotidianas são desencadeadas – e a da ação política – o modo ou a forma como nos assumimos socialmente.

2.1 As escolas do pensamento ecológico

Esta seção foi elaborada com base em Giansanti (1998).

Ainda no calor do debate ambientalista, outras escolas do pensamento ecológico trouxeram um posicionamento teórico conceitual sobre o tema. A seguir, apresentamos, de forma resumida, as principais tendências da segunda metade do século XX, a título de esclarecimento sobre a diversidade teórica que permeia o tema.

2.1.1 Ecologia profunda

Essa escola se baseia em uma orientação biocêntrica, ou seja, a vida, seja ela qual for, deve ser o centro de todas as preocupações. Nessa perspectiva, a humanidade deixa de ser a forma de vida mais importante, o centro ao redor do qual todas as outras giram. O homem é apenas mais uma espécie em meio a outras que habitam o planeta, cada uma delas com valor equivalente.

Para a ecologia profunda, a biodiversidade é um valor em si e o ser humano não tem direito de reduzi-la, exceto em caso de necessidade vital. Para evitar qualquer dano à vida não humana, é preciso reduzir e conter os índices populacionais, por meio do controle da natalidade e do planejamento familiar, o que também proporcionaria uma forma de erradicar a pobreza.

A natureza, para essa linha filosófica, tem direitos e deveria ter o mesmo *status* jurídico do ser humano. Essa corrente teórica influenciou alguns movimentos que se difundiram pelo mundo em defesa do ambiente, tais como o *Greenpeace* e o *Earth First*.

A principal crítica ao pensamento da ecologia profunda é seu caráter fundamentalista e seu argumento de controle da natalidade como arma contra a pobreza e a degradação ambiental. Seus críticos a rotulam de neomalthusiana e conservadora do ponto de vista socioeconômico.

2.1.2 Ecologia social

A escola social parte do princípio de que o homem é um ser social que se organiza em grupos diferenciados entre si. Essa escola identifica o capitalismo como uma força devastadora do planeta e propõe reformas no sistema socioeconômico, em direção a um sistema produtivo autogestionário, cooperativo, com descentralização estatal e atuação local.

Seus seguidores se voltam para as sociedades simples, tradicionais, com tecnologia modesta. É uma escola influenciada pelos socialistas utópicos e pelas ideias políticas e ecológicas de Gandhi.

2.1.3 Ecossocialismo

Essa escola pretende redimensionar a ideia de natureza, criticando a visão capitalista, que a vê como mercadoria. Seus seguidores argumentam que o problema não é o fato de o homem intervir na natureza, mas sim a maneira como ele o faz. Destacam o risco de esgotamento dos recursos naturais diante da exploração capitalista baseada na acumulação, no consumo e no desperdício. O ecossocialismo defende que é a sociedade que se relaciona com a natureza, e não o homem isolado. Consequentemente, é preciso buscar um novo modelo de sociedade, que se configure justa e baseada na responsabilidade ecológica.

Essas três escolas do pensamento ecológico se aproximam das tendências teóricas mencionadas anteriormente. A ecologia profunda, por exemplo, aproxima-se do preservacionismo, mais voltado ao ambiente natural; já a ecologia social e o ecossocialismo aproximam-se do conservacionismo, com maior preocupação social. As diferenças políticas entre elas vão desde posturas reformistas a proposições de transformação das relações de produção. Todas elas contribuíram para os avanços conceituais ocorridos no contexto dos grandes debates mundiais sobre ambiente e educação ambiental. Um dos avanços conceituais mais significativos pode ser exemplificado pela corrente do pensamento ambiental que apresentamos a seguir, cujos defensores denominam *movimento pela ecopedagogia*. Seus posicionamentos teórico e político vão além dos avanços apresentados pelas escolas anteriormente mencionadas.

2.2 O movimento pela ecopedagogia

> A Ecopedagogia pretende desenvolver um novo olhar sobre a educação, uma nova maneira de ser e de estar no mundo, um jeito de pensar a partir da vida cotidiana, que busca sentido a cada momento, em cada ato, que pensa a prática, em cada instante de nossas vidas, evitando a burocratização do olhar e do pensamento. (Gadotti, 2000, p. 82)

Conforme explica Gadotti (2000), dois eventos foram marcantes para a origem de uma perspectiva de ecopedagogia: o 1º Encontro Internacional da Carta da Terra na Perspectiva da Educação, organizado pelo Instituto Paulo Freire com o apoio do Conselho da Terra e da Organização das Nações Unidas para a Educação, a Ciência e a Cultura (Unesco), no período entre 23 e 26 de agosto de 1999, em São Paulo, e o 1º Fórum Internacional sobre Ecopedagogia, realizado na Faculdade de Psicologia e Ciências da Educação da Universidade do Porto, em Portugal, entre 24 e 26 de março de 2000. Desses encontros emergiram os princípios orientadores desse movimento e que pautam a Carta da Ecopedagogia.

O movimento pela ecopedagogia trouxe inicialmente para a pauta de discussão os conceitos de *pedagogia* e de *sustentabilidade*. A associação proposta entre a problemática ambiental e a mediação pedagógica pretende redimensionar a ideia de educação

> A Carta da Ecopedagogia é um documento produzido em 1999 por Moacir Gadotti. Sua minuta foi submetida aos primeiros inscritos do 1º Encontro Internacional da Carta da Terra na Perspectiva da Educação, promovido pelo Instituto Paulo Freire, com apoio do Conselho da Terra e da Unesco. A partir desse encontro e do conteúdo da Carta da Ecopedagogia foi criado o movimento pela ecopedagogia.

ambiental. Para os defensores desse movimento, a pedagogia é "o trabalho de promoção da aprendizagem por meio de recursos necessários ao processo educativo no cotidiano das pessoas. [...] a vida cotidiana é o lugar do sentido da pedagogia, pois a condição humana passa inexoravelmente por ela" (Gadotti, 2000, p. 57).

A ecopedagogia é constituída por aspectos pedagógicos e políticos, uma vez que se constitui de abordagens que consideram a interdependência de todas as formas de vida do planeta, bem como o próprio planeta como um organismo vivo. Assim, a busca de uma "cidadania ambiental local torna-se também cidadania planetária" (Gadotti, 2000, p. 57), fazendo com que as lutas deixem de ser somente locais e passem a ser também globais. Dessa perspectiva, avança para além de um ecologismo elitista, levando em consideração a dimensão social da cidadania planetária. Por isso a importância de aprofundar as discussões sobre sustentabilidade. Em primeiro lugar, a ecopedagogia questiona o conceito de *desenvolvimento sustentável*. Utilizado pela primeira vez na Assembleia Geral da Organização das Nações Unidas (ONU), em 1979, esse conceito foi considerado "politicamente correto e moralmente nobre". Entretanto, o movimento pela ecopedagogia aponta suas limitações e seus vínculos políticos.

> As críticas ao conceito de desenvolvimento sustentável e à própria ideia de sustentabilidade vêm do fato de que o ambientalismo trata separadamente as questões sociais e ambientais. O movimento conservacionista surgiu como uma tentativa elitista dos países ricos no sentido de reservar grandes áreas naturais preservadas para o seu lazer e contemplação. A Amazônia, por exemplo. Não era uma preocupação com a sustentabilidade do planeta, mas

sim com a continuidade de seus privilégios, em contraste com as necessidades da maioria da população. (Gadotti, 2000, p. 58)

Além dessa crítica, o movimento pela ecopedagogia lembra que o conceito de desenvolvimento é datado e vinculado à

> ideologia do progresso, que supõe uma concepção de história, de economia, de sociedade e do próprio ser humano. O conceito foi utilizado numa visão colonizadora, durante muitos anos, na qual os países do globo foram divididos entre "desenvolvidos", "em desenvolvimento" e "subdesenvolvidos", remetendo-se sempre a um padrão de industrialização e de consumo. Ele supõe que todas as sociedades devam orientar-se por uma única via de acesso ao bem-estar e à felicidade a serem alcançados apenas pela acumulação de bens materiais. (Gadotti, 2000, p. 59-60)

Como se pode depreender pela citação, há incompatibilidade entre a ideia de sustentabilidade e o capitalismo. Conforme explica Gadotti (2000, p. 61), se levada às últimas consequências, "a utopia ou o projeto do desenvolvimento sustentável coloca em questão não só o crescimento econômico ilimitado e predador da natureza, mas o modo de produção capitalista. Ele só tem sentido numa economia solidária, [...] regida pela compaixão e não pelo lucro". Por isso os cuidados da ecopedagogia em relação ao uso do conceito de *desenvolvimento sustentável*.

De acordo com Jacobi (2003), a divulgação do Relatório Brundtlandt (intitulado *Nosso Futuro Comum*), em 1987, criou um ponto de inflexão no debate sobre os impactos do desenvolvimento, o qual reforça as relações entre a economia, a tecnologia, a sociedade e a política, alertando para a necessidade da ênfase em uma nova postura ética em relação à preservação do meio ambiente.

Em 1987, o documento *Our Common Future* (Nosso Futuro Comum) ou, como é bastante conhecido, *Relatório Brundtland*, apresentou um novo olhar sobre o desenvolvimento, definindo-o como o processo que "satisfaz as necessidades presentes, sem comprometer a capacidade das gerações futuras de suprir suas próprias necessidades". É a partir daí que o conceito de desenvolvimento sustentável passa a ficar conhecido.

Elaborado pela Comissão Mundial sobre o Meio Ambiente e Desenvolvimento, o Relatório Brundtland aponta para a incompatibilidade entre desenvolvimento sustentável e os padrões de produção e consumo, trazendo à tona mais uma vez a necessidade de uma nova relação "ser humano-meio ambiente". Ao mesmo tempo, esse modelo não sugere a estagnação do crescimento econômico, mas sim essa conciliação com as questões ambientais e sociais.

O documento enfatizou problemas ambientais, como o aquecimento global e a destruição da camada de ozônio (conceitos novos para a época), e expressou preocupação em relação ao fato de a velocidade das mudanças estar excedendo a capacidade das disciplinas científicas e de nossas habilidades de avaliar e propor soluções [...]. O *Relatório Brundtlandt* também já apresentava uma lista de ações a serem tomadas pelos Estados e também definia metas a serem realizadas no nível internacional, tendo como agentes as diversas instituições multilaterais. Mas, de acordo com o professor da Universidade de São Paulo, Pedro Roberto Jacobi, em seu artigo "Meio Ambiente e Sustentabilidade" [...], publicado no livro *O município no século XXI*, "os resultados no final da década de 1980 estão muito aquém das expectativas e decorrem da complexidade de estabelecer e pactuar limites de emissões, proteção de biodiversidade, notadamente pelos países mais desenvolvidos". (Mudanças Climáticas, 2013, grifo do original)

Aliado ao Relatório Brundtland, o Tratado de Educação Ambiental para Sociedades Sustentáveis e Responsabilidade Global, elaborado durante o 1º Fórum Global das Organizações Não Governamentais – evento que ocorreu paralelamente à Conferência das Nações Unidas sobre o Meio Ambiente e Desenvolvimento, no Rio de Janeiro, em 1992 – apresenta os princípios e um plano de ação para os educadores ambientais, os quais implicam a necessidade de uma relação entre as políticas públicas de educação ambiental e a sustentabilidade. Dessa forma, o conceito de *desenvolvimento sustentável* tem como referenciais para a interpretação do mundo o cálculo econômico, o aspecto biofísico e o componente sociopolítico. Com essa base, o desenvolvimento sustentável corresponde a uma estratégia ou a um modelo múltiplo para a sociedade que se pauta tanto na viabilidade econômica quanto na ecológica.

Desse modo, para a ecopedagogia, o conceito de *desenvolvimento sustentável* engloba as seguintes características:

> Promoção da vida – entende a Terra como um organismo vivo. Pressupõe um rompimento com a cultura ocidental e uma reaproximação com culturas indígenas, que entendem o planeta como um ser animado.
>
> Equilíbrio dinâmico – valoriza a necessidade de um desenvolvimento econômico que preserve os ecossistemas.
>
> Congruência harmônica – resgata a relação afetivo-emocional com o planeta e com a natureza. Desenvolve a ternura e o estranhamento, que possibilitam a contemplação e a interação espiritual entre homem e natureza.
>
> Ética integral – consciência ecológica na perspectiva da compreensão do planeta como um ser vivo.
>
> Racionalidade intuitiva – é a "racionalidade emancipadora, intuitiva, que conhece os limites da lógica e não ignora a afetividade, a vida, a subjetividade". (Gutiérrez, citado por Gadotti, 2000, p. 62-63).
>
> Abandonar a racionalidade técnica que concebe o mundo "como um universo ordenado, perfeito, que basta conhecer para transformar, pensamento este

que naturaliza as desigualdades sociais, justifica as injustiças". (Morin, citado por Gadotti, 2000, p. 63)

Consciência planetária – "desenvolve a solidariedade planetária. Um planeta vivo requer de nós uma consciência e uma cidadania planetárias" (Gadotti, 2000, p. 64).

Nesses termos, o conceito de *sustentabilidade* está intimamente vinculado à ideia de planetariedade, fundamental para a ecopedagogia. Para esse movimento, a cidadania planetária afasta-se da ideia de desenvolvimento sustentável, abandonando o que chama de *ecologismo elitista* para defender um ecologismo crítico, que

> coloca o ser humano no centro do bem-estar do planeta. Só que "o bem-estar não pode ser só social, tem de ser sociocósmico" [...] como afirma Leonardo Boff [...]. "O planeta é a minha casa e a Terra, o meu endereço. Como posso viver bem numa casa mal-arrumada, malcheirosa, poluída e doente?". (Gadotti, 2000, p. 57)

Assim, a ecopedagogia afasta-se do antropocentrismo, substituindo-o pela consciência planetária. A planetariedade e a sustentabilidade – possíveis numa economia solidária – são as categorias balizadoras dessa iniciativa (Gadotti, 2000).

Por ancorar-se no pressuposto de outra sociedade, em um outro processo de globalização (Gadotti, 2000), o movimento pela ecopedagogia entende que a educação (na escola e para além dela) é a condição básica para sua efetivação.

Nessa perspectiva, entende-se que não apenas educadores, mas toda a sociedade civil organizada (movimentos sociais), as ONGs, os ecologistas e os empresários devem assumir sua responsabilidade diante da degradação ambiental e combatê-la. É preciso ultrapassar o estágio de denúncias de políticas públicas causadoras de danos ambientais (que afetam natureza e sociedade) e antecipar-se às iniciativas estatais, elaborando projetos que contemplem a justiça social e o respeito à natureza, fazendo valer o conceito de cidadania e política ao pressionar o Estado (local, estadual, nacional), no sentido de implantar esses projetos. Por isso, a educação, em seu sentido mais amplo, é um pressuposto da ecopedagogia, mas esta é mais que uma pedagogia escolar. Contudo, se atingir a escola, terá força transformadora também nessa instituição, onde seus princípios devem ser contemplados no currículo, privilegiando temas e conteúdos significativos para os alunos. Isso requer do currículo uma abordagem multicultural, baseada em princípios dialógicos, promotores da autonomia e da participação. Daí o caráter transformador da ecopedagogia.

Com essa pedagogia escolar, o cidadão sente-se parte dos contextos e acontecimentos que o permeiam, em uma práxis pedagógica que desafia a mudança de postura, formando a consciência de sujeitos em um processo ininterrupto de aprendizagem (Delgado, 2011).

Para encerrar essa breve abordagem sobre a ecopedagogia, é preciso reforçá-la como uma proposta maior que a educação ambiental escolar. Contudo, vale mencionar que ela não se opõe à educação ambiental, mas, ao contrário, entende que esta é uma ação importante que vem amadurecendo muito no currículo escolar, servindo como pressuposto para outros movimentos ambientais.

3

Os debates sobre os problemas ambientais e a educação

Com o objetivo de compreender o cenário mais recente das discussões sobre a problemática ambiental e suas relações com a educação, faremos a seguir um relato cronológico dos principais eventos mundiais sobre o tema.

3.1 As grandes conferências mundiais sobre o meio ambiente

Em 1977, em Tbilisi, Geórgia (antiga União Soviética), a Organização da Nações Unidas para a Educação, a Ciência e a Cultura (Unesco) organizou, em parceria com o Programa das Nações Unidas para o Meio Ambiente (Pnuma), a 1º Conferência Intergovernamental sobre Educação Ambiental, evento marcante considerado referência internacional para o desenvolvimento da educação ambiental (Tozoni-Reis, 2005). A principal declaração definiu como função da educação ambiental a criação de uma consciência e a compreensão dos problemas ambientais, bem como o estímulo à formação de comportamentos positivos. No Brasil, esse evento influenciou a criação da Lei n. 6.938, de 31 de agosto de 1981, que dispõe sobre a Política Nacional de Meio Ambiente (Brasil, 1981).

Nesse encontro, foi elaborada a Declaração sobre o Ambiente Humano, mais conhecida como *Declaração de Estocolmo*, que defende que "tanto as gerações presentes como as futuras tenham reconhecidas, como direito fundamental, a vida num ambiente sadio e não degradado" (Gadotti, 2000, p. 105). Isso fez surgir um conflito de interesses: de um lado, os países considerados desenvolvidos, que cada vez mais investiam na exploração de recursos naturais; de outro, as nações em desenvolvimento, que sofriam com a miséria, a falta de saneamento básico, de moradia e as epidemias. Os interesses e as necessidades das nações de ambos os lados, em muitos casos, implicavam a degradação ambiental. A diferença do modo como cada país percebia e valorizava o ambiente fez com que não se produzissem resultados concretos. Sendo assim, os níveis de degradação ambiental continuaram a aumentar e nenhum dos países líderes tomou qualquer iniciativa para evitar a contaminação de bens comuns da humanidade, como a atmosfera e os oceanos (Gadotti, 2000).

No intervalo de tempo entre as conferências de Estocolmo e do Rio de Janeiro, dois importantes documentos sobre a questão ambiental foram publicados. O primeiro intitulava-se *Uma Estratégia Mundial para a Conservação*, elaborado pelo Pnuma em 1980. O segundo foi o relatório elaborado pela Comissão Mundial sobre Meio Ambiente e Desenvolvimento Sustentável das Nações Unidas, intitulado *Nosso Futuro Comum*. No primeiro documento, enfatiza-se a crítica ao modelo de desenvolvimento adotado pelos países ricos, afirmando-se que a conservação de recursos pode ser compatível com o desenvolvimento econômico, desde que seja preservada a biodiversidade em todos os seus níveis, indicando-se a necessidade de uso sustentável das espécies e dos ecossistemas e da manutenção dos processos ecológicos e sistemas vitais (Giansanti, 1998). No segundo, os padrões de produção e consumo foram apontados como incompatíveis com a ideia de desenvolvimento sustentável. Recomendou-se, então, respeito aos princípios desse tipo de desenvolvimento, apontando a importância de os países pobres também acessarem as tecnologias do mundo desenvolvido (Giansanti, 1998).

Em julho de 1992, a cidade do Rio de Janeiro foi sede da Conferência das Nações Unidas sobre o Meio Ambiente e Desenvolvimento (Cnumad), mais conhecida como *Rio-92*. Participaram desse evento representantes de 178 países, 114 chefes de Estado e mais de 10 mil representantes de organizações não governamentais (ONGs) (Giansanti, 1998). Na prática, houve dois encontros: a conferência oficial, que reuniu os representantes dos governos dos países participantes, e o Fórum Global das Organizações Não Governamentais, também conhecido como *Fórum Global Rio-92*. As discussões foram intensas nos dois blocos. Desses eventos resultaram cinco documentos – os quatro primeiros originários da conferência e o último do fórum global:

1. Agenda 21 – Composto de 40 capítulos e mais de 800 páginas, é um programa/cronograma de ação sobre temas específicos: meio ambiente, economia, atmosfera, erosão, desertificação, mudanças climáticas, resíduos tóxicos, energia, água doce, tecnologia, pobreza etc. Com o caráter de documento ético e não normativo, a Agenda 21 não obriga os países que a assinaram a cumpri-la à risca. É, portanto, um documento mais político que técnico, e serve como um "instrumento de referência e mobilização para a mudança do modelo de desenvolvimento em direção de sociedades cada vez mais sustentáveis" (Gadotti, 2000, p. 110).
2. Convenção sobre Alterações Climáticas – Tinha como objetivo o controle e a diminuição da emissão de

gases causadores do efeito estufa. Esse documento foi recusado pelos Estados Unidos e países árabes, que alegaram que os conhecimentos científicos sobre o efeito estufa eram insuficientes. Não se chegou a um acordo sobre as metas de redução da emissão de gases poluentes na atmosfera. Em 1995, em Berlim, houve uma nova reunião para discutir o tema, e mais uma vez não se chegou a um acordo.

3. Convenção sobre Biodiversidade – Estabelece os princípios necessários para o uso sustentável da biodiversidade e a preservação do meio ambiente, defendendo a repartição, de forma justa e equitativa, dos benefícios oriundos dos recursos genéticos, respeitando-se a soberania de cada país (Brasil, 2013a). Os Estados Unidos, por não concordarem com a repartição dos benefícios, não assinaram o documento.

4. Declaração de Princípios para Florestas – Esse documento tem como princípio o uso sustentável das florestas e propõe a internacionalização dos recursos naturais, além de ressaltar a importância da participação das comunidades culturais locais na gestão da conservação das florestas.

5. Declaração do Rio de Janeiro sobre o Meio Ambiente e o Desenvolvimento – Também chamada de *Carta da Terra*, é uma proposta de ética global e mudanças "em nossas atitudes, valores e estilos de vida, [e] envolve três princípios interdependentes: os valores que regem a vida dos indivíduos; a comunidade de interesses entre Estados; e a definição dos princípios de um desenvolvimento sustentável" (Gadotti, 2013, p. 35).

No Anexo 1, são transcritos o preâmbulo e os valores eleitos pela Carta da Terra como fundamentais para as mudanças que o documento propõe.

A principal crítica feita à Carta da Terra é a de que ela não coloca em discussão o conceito de *progresso*. Seus mentores rebatem, afirmando que se trata de um documento de contínua revisão, que pode e deve ser alterado de acordo com os avanços das discussões sobre a temática ambiental e a elaboração de um quadro conceitual claro e politicamente identificável.

A Conferência de 1992 teve modestos resultados reais relativos aos acordos e às declarações assinados, sendo em alguns casos praticamente nulos. No entanto, o impacto do evento, as polêmicas levantadas na época e a intensidade das discussões sobre alguns dos temas permanecem vivos na história dos grandes debates sobre os problemas ambientais.

O terceiro grande evento mundial sobre a problemática ambiental aconteceu em 2002, na África do Sul. A Conferência de Joanesburgo contou com representantes de 193 países, 105 chefes de Estado e milhares de outros participantes (Lorenzetti, 2013). Diante das avaliações dos dois eventos anteriores, os ânimos da Conferência de Joanesburgo mostraram-se muito menores. Ainda assim, foram assinados dois importantes documentos, cujos conteúdos, de certa forma, reafirmavam o que já havia sido discutido e acordado anteriormente: o Compromisso de Joanesburgo por um Desenvolvimento Sustentável e o Plano de Implementação. O modo de zelar pelo ambiente das nações que discutiram e assinaram cada documento resultante das discussões desses encontros foi distinto e resultou em fracassos evidentes e perceptíveis em diferentes níveis. Visando mitigá-los, ocorreu, em 2012, novamente no Rio de Janeiro, a Conferência das Nações Unidas sobre Desenvolvimento Sustentável (CNUDS), também conhecida como *Rio+20*, a qual teve como intuito consolidar um desenvolvimento sustentável concebido pela interação entre três pilares: o social, o econômico e o ambiental. O desafio proposto

> Antes da conferência de 2002, em 1997, no Rio de Janeiro aconteceu o chamado *Rio + 5*, encontro que objetivava avaliar os resultados dos acordos firmados entre os países participantes da Rio-92. As conclusões apontaram para a estagnação do controle de impactos ambientais e das práticas de uso sustentável dos recursos naturais (Giansanti, 1998).

à comunidade internacional foi o de pensar um novo modelo de desenvolvimento que seja ambientalmente responsável, socialmente justo e economicamente viável.

3.2 Os debates mundiais sobre o meio ambiente e a inclusão da educação ambiental no currículo escolar

Além dos grandes encontros mundiais mencionados anteriormente (e também a partir deles), outros eventos de importância equivalente colocaram em pauta a necessidade de reflexão sobre a educação ambiental e as temáticas afins, como saúde, qualidade de vida, miséria, desenvolvimento social, assentamentos humanos, questões sobre a mulher etc.

O Quadro 3.1 apresenta, em ordem cronológica, os principais encontros mundiais das últimas décadas para discussões sobre os temas mencionados. Os comentários sobre os que mais diretamente discutiram o ensino escolar vêm a seguir.

Quadro 3.1 - Principais encontros mundiais sobre os temas ambientais

Ano	Local	Acontecimento
1965	Universidade de Keele, Grã-Bretanha	Conferência de Educação. É utilizada a expressão *Educação Ambiental* (EA).
1972	Roma	Publicação do Relatório "Os Limites do Crescimento".

(continua)

(Quadro 3.1 – continuação)

Ano	Local	Acontecimento
1972	Estocolmo	Conferência de Estocolmo: • Discussão sobre desenvolvimento e ambiente. • Conceito de *ecodesenvolvimento*. • Recomendação 96 para que se promova um Programa Internacional de Educação Ambiental (Piea).
1974	Jammi (Finlândia)	Seminário de Educação Ambiental: reconhece a EA como educação integral e permanente.
1975	Belgrado	Congresso: a Carta de Belgrado estabelece as metas e os princípios da EA.
1975		Criação do Programa Internacional de Educação Ambiental (Piea).
1976	Chosica (Peru)	Reunião sub-regional de educação ambiental para o ensino secundário: questões ambientais na América Latina estão ligadas às necessidades de sobrevivência e aos direitos humanos.
1976	Brasarville (África)	Congresso de Educação Ambiental: reconhece que a pobreza é o maior problema ambiental.
1977	Tbilisi (Geórgia)	Conferência: estabelece os princípios orientadores da EA e remarca seu caráter interdisciplinar, crítico, ético e transformador.
1979	San José (Costa Rica)	Encontro Regional de Educação Ambiental para a América Latina.
1980	Essen (Alemanha)	Seminário Regional Europeu sobre EA para Europa e América do Norte. Assinala a importância do intercâmbio de informações e experiências.
1980	Manama (Bahrain)	Seminário Regional sobre EA nos Estados Árabes, Manama, Bahrain (Unesco-Pnuma).
1980	Nova Deli (Índia)	Primeira Conferência Asiática sobre EA.

(Quadro 3.1 – continuação)

Ano	Local	Acontecimento
1987	Moscou (Rússia)	Congresso Internacional da Unesco-Pnuma sobre Educação e Formação Ambiental. Realiza a avaliação dos avanços desde Tbilisi, reafirma os princípios de EA e assinala a importância e a necessidade da pesquisa e da formação em EA.
1987		Divulgação do Relatório da Comissão Brundtland: Nosso Futuro Comum.
1988	Caracas (Venezuela)	Declaração de Caracas, Orpal-Pnuma, sobre Gestão Ambiental na América. Denuncia a necessidade de mudar o modelo de desenvolvimento.
1989	Santiago (Chile)	Primeiro seminário sobre materiais para a EA (Orleac – Unesco – Piea).
1989	Haia (Suíça)	Declaração de Haia; preparatório da Rio-92. Aponta a importância da cooperação internacional nas questões ambientais.
1990	Jomtien (Tailândia)	Conferência Mundial sobre Ensino para Todos, Plano de Ação para Satisfazer as Necessidades Básicas de Aprendizagem. Destaca o conceito de *analfabetismo ambiental*. Declara 1990 o ano internacional do meio ambiente.
1992	Rio de Janeiro	Conferência sobre o Meio Ambiente e o Desenvolvimento, Unced, Rio-92. • Criação da Agenda 21; • Tratado de Educação Ambiental para Sociedades Sustentáveis; • Fórum das ONGs – Compromissos da sociedade civil com a EA e o meio ambiente; • Carta Brasileira de Educação Ambiental – aponta as necessidades de capacitação na área (MEC).
1993	Buenos Aires (Argentina)	Congresso sul-americano sobre meio ambiente. Continuidade das discussões da Eco 92.

(Quadro 3.1 – continuação)

Ano	Local	Acontecimento
1993	Viena (Áustria)	Conferência dos Direitos Humanos.
1994	Cairo (Egito)	Conferência Mundial da População.
1994	Guadalajara (México)	Congresso Ibero-Americano de Educação Ambiental.
1995	Copenhagua (Dinamarca)	Conferência para o Desenvolvimento Social: criação de um ambiente econômico-político-social-cultural e jurídico que permita o desenvolvimento social.
1995	Pequim (China)	Conferência Mundial da Mulher.
1997	Guadalajara (México)	II Congresso Ibero-Americano de EA.
1997	Thessaloniki (Grécia)	Conferência Internacional sobre Meio Ambiente e Sociedade: educação e conscientização pública para a sustentabilidade.
1997	Nova York (EUA)	Rio+5: balanço dos avanços obtidos na Conferência Rio 92.
1999	México	É lançada a revista *Tópicos en Educación Ambiental*, uma publicação internacional editada no México que contém informações sobre as variadas vertentes e áreas da EA.
2002	Nova York (EUA)	Em dezembro, a Assembleia Geral das Nações Unidas, durante sua 57ª sessão, estabeleceu a Resolução n. 254, declarando 2005 como o início da Década da Educação para o Desenvolvimento Sustentável, depositando na Unesco a responsabilidade pela implementação da iniciativa.
2002	Joanesburgo (África do Sul)	Rio+10: Conferência Mundial sobre Meio Ambiente e balanço dos avanços a partir das discussões ambientais realizadas nas últimas décadas em nível mundial.
2003	Panamá Venezuela Portugal	Em janeiro, é criada, em Portugal, durante as XII Jornadas Pedagógicas de Educação Ambiental da Associação Portuguesa de Educação Ambiental (Aspea), a Rede Lusófona de Educação Ambiental, reunindo educadores ambientais brasileiros, portugueses e de outras nacionalidades de língua portuguesa.

(Quadro 3.1 – conclusão)

Ano	Local	Acontecimento
		Durante a XIV Reunião do Foro de Ministros de Meio Ambiente da América Latina e Caribe, em novembro, no Panamá, é oficializado o Programa Latino-Americano e Caribenho de Educação Ambiental (Placea), que teve como principal protagonista a Venezuela e como foro de discussões a série dos congressos ibero-americanos de EA. Em novembro é realizada na Venezuela a reunião de trabalho de especialistas em gestão pública da educação ambiental na América Latina e Caribe, que elaborou o plano de implementação do Placea de modo articulado com a Iniciativa Latino-Americana e Caribenha para o Desenvolvimento Sustentável.
2005		Unesco: início da Década da Educação para o Desenvolvimento Sustentável.
2011	Durban (África do Sul)	Realização da COP 17. "Desde a Eco 92, a Organização das Nações Unidas organiza as COPs (Conferência de Partes) para discussão de dois temas: diversidade biológica (encontros bianuais) e mudanças climáticas (anuais). Nestes encontros, os países participantes comprometem-se a preservar as espécies de animais e plantas, e a reduzir os índices de emissões de gases poluentes na atmosfera". (Portal Brasil, 2013)
2012	Rio de Janeiro	Rio+20: Conferência Mundial sobre Meio Ambiente.

Fonte: Adaptado de Brasil, 2013b.

Em termos de mobilizações internacionais, o estudo comparativo realizado pela Unesco em 72 países, em 1968, investigava o trabalho desenvolvido pelas escolas em relação à temática ambiental. Os resultados desse trabalho permitiram a formulação de duas propostas internacionalmente aceitas a respeito do encaminhamento teórico curricular da educação ambiental (Brasil, 1997):

- A educação ambiental não deve ser uma disciplina, mas perpassar por todas elas.

- Por *ambiente* deve ser entendida a inter-relação do entorno físico, dos aspectos sociais, culturais, econômicos e políticos.

Desde as primeiras discussões a respeito da educação ambiental, ficou compreendido que sua abordagem precisa ser interdisciplinar e que sua temática vai além dos desequilíbrios do ciclo vital da natureza. A Carta de Belgrado, elaborada pela Unesco em 1975, por exemplo, colocou em discussão a relação entre o homem e a natureza, bem como as relações entre os povos. Esse documento aborda a necessidade de uma nova ética global, que oriente o desenvolvimento com base em uma "distribuição equitativa dos recursos da Terra, para atender mais às necessidades dos povos" (Unesco, 1975).

Essas discussões teriam muitos desdobramentos antes de ser estabelecida a educação ambiental formal. Em 1977, a Conferência Intergovernamental de Tbilisi foi um momento importante na direção da formalização dessa disciplina. Nessa conferência, foram definidos os objetivos dessa área da educação e a escola foi indicada como um espaço fundamental e necessário para sua efetivação, uma vez que serviria de suporte para a solução de problemas concretos do meio ambiente e envolveria ativamente os indivíduos (alunos e professores), sempre em uma perspectiva interdisciplinar (Brasil, 1997). Além disso, foram estabelecidos os princípios da educação ambiental a serem desenvolvidos nas escolas, resumidos a seguir, conforme consta nos Parâmetros Curriculares Nacionais (PCN) sobre o Meio Ambiente.

- Considerar o meio ambiente em sua totalidade – em seus aspectos natural e construído, tecnológicos e sociais (econômico, político, histórico, cultural, técnico, moral e estético).
- Constituir um processo permanente e contínuo durante todas as fases do ensino formal.
- Aplicar um enfoque interdisciplinar, aproveitando o conteúdo específico de cada área, de modo que se consiga uma perspectiva global da questão ambiental.
- Examinar as principais questões ambientais do ponto de vista local, regional, nacional e internacional.
- Concentrar-se nas questões ambientais atuais e naquelas que podem surgir, levando em conta uma perspectiva histórica.
- Insistir no valor e na necessidade da cooperação local, nacional e internacional para prevenir os problemas ambientais.
- Considerar de maneira explícita os problemas ambientais nos planos de desenvolvimento e crescimento.
- Promover a participação dos alunos na organização de suas experiências de aprendizagem, dando-lhes a oportunidade de tomar decisões e aceitar suas consequências.
- Estabelecer, para os alunos de todas as idades, uma relação entre a sensibilização ao meio ambiente, a aquisição de conhecimentos, a atitude para resolver os problemas e a clarificação de valores, procurando, principalmente, sensibilizar os mais jovens para os problemas ambientais existentes na sua própria comunidade.

> - Ajudar os alunos a descobrir os sintomas e as causas reais dos problemas ambientais (tanto as locais quanto as mais amplas, de acordo com as possibilidades de compreensão de cada fase ou ciclo do ensino).
> - Ressaltar a complexidade dos problemas ambientais e, em consequência, a necessidade de desenvolver o sentido crítico e as atitudes necessárias para resolvê-los.
> - Utilizar diversos ambientes com a finalidade educativa e uma ampla gama de métodos para transmitir e adquirir conhecimento sobre o meio ambiente, ressaltando principalmente as atividades práticas e as experiências pessoais.

Fonte: Adaptado de Brasil, 1997, p. 231-232.

Com base nesses princípios, muitas escolas criaram suas agendas, promovendo um debate entre a comunidade escolar e a escola, na tentativa de enraizar uma educação ambiental. Nessa perspectiva, Lima (2004) afirma que a escola é um espaço privilegiado, no qual se estabelecem conexões e se trocam informações; onde são criadas condições e alternativas que estimulam os educandos a assumir concepções e posturas cidadãs, tornando-os cientes de suas responsabilidades e, principalmente, fazendo com que se percebam como integrantes do meio ambiente.

Nesse sentido, emerge o consenso de que temos a necessidade de conservar e defender o ambiente ao nosso redor. Não há outra direção: cada membro da sociedade deve ser incitado a participar, a agir, num processo de tomada de consciência das gerações atuais que deve perdurar pelas futuras gerações.

A educação ambiental nos mais variados espaços de sua ação é o caminho para esse fim.

Contudo, as discussões sobre os temas ambientais ainda engatinhavam e o referencial teórico estava longe de ser esboçado com clareza. Além disso, a prática efetiva de uma educação ambiental pelos governos e pela população em geral ainda estava longe de atingir os níveis almejados.

Os eventos sobre educação ambiental que aconteceram após a Conferência de Tbilisi reforçaram as proposições nela apresentadas. As discussões desenvolvidas também levaram à conclusão de que a educação sozinha não seria suficiente para enfrentar e transformar os problemas decorrentes da insustentabilidade (Gadotti, 2000).

Em 1992, no Congresso Mundial de Educação e Comunicação sobre o Meio Ambiente e Desenvolvimento, evento ocorrido em Toronto, Canadá, um grande ganho nas discussões foram as propostas de mudanças curriculares, que apontavam para a ideia de alfabetização ambiental. Para tanto, seria necessária uma nova direção na formação de professores e de todas as diretrizes técnico-pedagógicas das escolas. Assim, as teorias pedagógicas que valorizavam a competição, a classificação e a seleção deveriam ser abandonadas e substituídas por práticas educativas mais cooperativas e solidárias (Gadotti, 2000).

Os princípios dessa alfabetização ambiental indicam que a sobrevivência da humanidade depende de nossa alfabetização ecológica, ou seja, de nosso conhecimento dos princípios básicos da ecologia e da nossa capacidade de entender a interdependência, a reciclagem, a parceria, a diversidade e a sustentabilidade como responsabilidade de todos. É possível notar que, desde as primeiras discussões internacionais sobre a educação ambiental, os conceitos de *ética, equidade social, desenvolvimento, natureza*

Esses problemas são "o rápido crescimento da população mundial, a persistência da pobreza generalizada, a expansão da indústria em todo o mundo, o uso de modalidades de cultivos novos e mais intensivos, a negação da democracia econômica e a violação dos direitos humanos." (Gadotti, 2000, p. 87) e *interdependência* faziam-se presentes e indispensáveis. No entanto, esses e outros conceitos ligados ao tema são bastante complexos e sua compreensão teórica é balizada pela postura política de quem os defende. Daí a controvérsia da relação entre saber e poder; entre o saber e a visão de mundo hegemônica, que existe em todas as áreas da ciência, mas que se potencializa na discussão ambiental.

década de 1990 testemunhou o fortalecimento da compreensão de que a ideia de educação ambiental não pode ficar restrita aos muros da escola, mas sim ser pensada e praticada para além da escolarização. Por isso, cada leitura que se faz sobre a problemática da educação ambiental tem como sustentação um pilar teórico que é também político. Desse modo, o que pensamos a respeito do ambientalismo e da educação ambiental revela nossa concepção de sociedade ideal, de justiça social, de vida. Leff, citado por Gadotti (2000, p. 88), em uma análise desenvolvida no fim da década 1990, considera que

> A incorporação do meio ambiente à educação formal, em grande medida, se limitou a internalizar os valores de conservação da natureza; os princípios do ambientalismo se incorporaram por uma visão das inter-relações dos sistemas ecológicos e sociais para destacar alguns problemas mais visíveis da degradação ambiental, tais como a contaminação dos recursos naturais e serviços ecológicos, o tratamento do lixo e a localização dos dejetos industriais. A pedagogia ambiental nestes casos se expressa no contato dos alunos com o seu entorno natural e social. A educação ambiental interdisciplinar, entendida como a formação de habilidades

para apreender a realidade complexa, foi reduzida à intenção de incorporar uma consciência ecológica no currículo tradicional.

Em termos teóricos, o Tratado de Educação Ambiental para Sociedades Sustentáveis e Responsabilidade Global trouxe princípios politicamente mais definidos. Entre eles, podemos destacar os que se encontram a seguir.

> [...]
> 3. A educação ambiental é individual e coletiva. Tem o propósito de formar cidadãos com consciência local e planetária, que respeitem a autodeterminação dos povos e a soberania das nações.
> 4. A educação ambiental não é neutra, mas ideológica. É um ato político, baseado em valores para a transformação social.
> 5. A educação ambiental deve envolver uma perspectiva holística, enfocando a relação entre o ser humano, a natureza e o universo de forma interdisciplinar.
> [...]
> 7. A educação ambiental deve tratar as questões globais críticas, suas causas e inter-relações em uma perspectiva sistêmica, em seu contexto social e histórico. Aspectos primordiais relacionados ao desenvolvimento e ao meio ambiente, tais como população, saúde, democracia, fome, degradação da flora e da fauna, devem ser abordados dessa maneira.
> [...]

> 13. A educação ambiental deve promover a cooperação e o diálogo entre indivíduos e instituições, com a finalidade de criar novos modos de vida, baseados em atender às necessidades básicas de todos, sem distinções étnicas, físicas, de gênero, idade, religião, classe ou mentais.
> [...]
> 16. A educação ambiental deve ajudar a desenvolver uma consciência ética sobre todas as formas de vida com as quais compartilhamos este planeta, respeitar seus ciclos vitais e impor limites à exploração dessas formas de vida pelos seres humanos.

Fonte: Brasil, 2013d.

São perceptíveis as diferenças teóricas entre os princípios que foram estipulados pelo Tratado de Educação Ambiental para Sociedades Sustentáveis e Responsabilidade Global e os que foram discutidos nos eventos anteriores. Pela primeira vez em um documento elaborado em um evento mundial, a educação ambiental ultrapassou o conservacionismo e ancorou-se em proposições mais amplas e profundas. Nesse sentido, a Conferência de Thessaloniki, na Grécia, em 1997, evidenciou a necessidade de aprofundar as discussões ambientais fundamentadas em conceitos como *ética, sustentabilidade, identidade cultural, diversidade*, entre outros. Na Declaração de Thessaloniki, resultante desse evento, a crítica ao modelo da globalização resgata a importância da diversidade cultural nos seguintes termos:

> A diversidade cultural pode, pois, ser considerada como uma forma de diversidade por adaptação e, como tal, condição prévia para a sustentabilidade.

> A tendência atual para a globalização ameaça a riqueza das culturas humanas e muitas culturas tradicionais já foram destruídas. O argumento a favor de se pôr um fim ao desaparecimento de espécies também é aplicável às perdas culturais e ao consequente empobrecimento do acervo coletivo dos meios de sobrevivência da humanidade. (Unesco, 1999, p. 72, citado por Gadotti, 2000, p. 89)

É com essa diversidade discursiva, cada uma portadora de uma vontade política própria, que pensamos a problemática ambiental. Em função dessa situação, argumentamos sobre a importância de atenção e conhecimento teórico sobre o tema para compreender, identificar e posicionar-se criticamente diante dos discursos disponíveis. Essa preocupação deve ser potencializada em se tratando da atuação de professores. Contudo, essa atuação deve ser pautada em conceitos fundamentados em uma alfabetização ambiental que parte de uma realidade local para atingir uma perspectiva global.

A preocupação que se coloca agora é a possibilidade de uma desmobilização, ou seja, de uma banalização da abordagem ambiental (na escola e na comunidade) antes do necessário aprofundamento do seu quadro teórico conceitual e de suas temáticas. Por isso a importância de se dedicar aos estudos e à prática pedagógica sobre a problemática ambiental tanto dentro quanto fora da escola.

Nesse sentido, o próximo item pretende contribuir para a compreensão dos paradigmas metodológicos sobre a questão ambiental.

3.3 Os limites e as possibilidades da educação ambiental na escola

Diante do exposto, podemos afirmar que a educação ambiental (e o próprio ambientalismo) está a definir seu campo de atuação, seu quadro teórico conceitual e seu método. Essa não é uma tarefa fácil para um saber que, por sua natureza interdisciplinar, não se enquadra (ou não deve ser enquadrado) na forma fragmentada do conhecimento científico moderno. Um saber que, nesse início de século XXI, é apropriado por diversos olhares/discursos políticos, pois as abordagens da temática ambiental podem garantir a manutenção do *status quo* ou desencadear uma transformação.

Na instituição escolar brasileira, a educação ambiental vive atualmente seu terceiro momento pedagógico. Segundo Cascino (1999), a educação ambiental, em um primeiro momento (de 1960 até o fim da década de 1970), manteve um "olhar de fora" dos problemas ambientais e os livros didáticos começavam a trazer "capítulos sobre ecossistema, ecologia e as suas relações com geografia, física, biologia e ciências" (Cascino, 1999, p. 59). Em um segundo momento, no fim da década 1970, que coincidiu com o declínio da ditadura militar, as escolas discutiram uma nova postura pedagógica. Esse período foi marcado pela crítica à pedagogia tradicional e por práticas educativas mais democráticas, que valorizavam experimentações e contextualizações dos saberes escolares. Nesse período histórico surgiram, na sociedade civil, os partidos verdes e, na escola, "o desenvolvimento das chamadas atividades de campo, a pesquisa do meio, a tomada da natureza como tema gerador de propostas que buscavam práticas interdisciplinares. Ocorria um certo *olhar de dentro*" (Cascino, 1999, p. 59, grifo do original).

A partir da Rio-92, vários fatores contribuíram para uma nova postura pedagógica na educação ambiental. O amadurecimento do pensamento ambientalista e sua complexidade conceitual, aliados à atuação da mídia – trazendo para a pauta de discussões cotidianas a temática ambiental –, e o crescimento do número de ONGs levaram a uma nova militância político-pedagógica ligada à educação ambiental, ou seja, a inserção definitiva da sociedade, da cultura e da economia como componentes do ambiente. Isso fez com que se estabelecesse uma nova relação homem-natureza. Nas palavras de Cascino (1999, p. 60, grifo do original),

> A natureza é o meio humano, e vice-versa. A interdisciplinaridade, derivada dessas relações imediatamente percebidas, na expansão das referências técnico-teóricas das práticas pedagógicas revistas e recriadas, passava a ser referência para a reconstrução de valores e conhecimentos. Nova ética e nova estética. O ato político de ensinar/aprender/educar estava sendo restrito. Estávamos desvelando um *olhar dialógico*.

Esses três olhares teóricos metodológicos e políticos da educação ambiental sobre seu campo de atuação corresponderam a momentos históricos específicos. Isso, porém, não garante que todas as práticas político-pedagógicas referentes à educação ambiental estejam se desenvolvendo apenas segundo o olhar dialógico.

Conforme argumentamos anteriormente, a prática pedagógica e a leitura conceitual que fazemos na escola a respeito de determinados saberes escolares têm relação com nosso posicionamento político diante da sociedade e da vida. Hoje, ainda coexistem práticas de educação ambiental reducionistas e transformadoras, atreladas à visão de mundo e à compreensão que o professor tem do papel da escola e da educação na formação do cidadão. Nesse sentido,

> a educação ambiental pode ser compreendida como um processo permanente, no qual os componentes das comunidades adquirem consciência do seu meio e aprendem os conhecimentos, os valores, as competências, a experiência e também a determinação que os capacitará para atuar, individual ou coletivamente, na resolução dos problemas reais presentes e futuros. (Dias, 1994, p. 59)

Para tanto, é importante que os princípios orientadores da educação ambiental considerem que o ambiente deve ser interpretado em sua totalidade, ou seja, levando-se em consideração seus aspectos naturais e construídos, bem como questões de cunho político, econômico, tecnológico, social, legislativo, cultural e estético.

4

Legislação e políticas públicas para o ambiente: um aporte para a qualidade de vida e a saúde das gerações futuras

De acordo com o Sistema Nacional de Unidades de Conservação da Natureza – Snuc (Brasil, 2013c), as unidades de conservação são espaços instituídos de acordo com a Lei n. 9.985, de 18 de julho de 2000 (Brasil, 2000), os quais apresentam características naturais particulares consideradas relevantes. Sua função é assegurar a representatividade de amostras significativas e ecologicamente viáveis das diferentes populações, *habitats* e ecossistemas do território nacional e das águas jurisdicionais, bem como preservar o patrimônio biológico existente.

As iniciativas públicas referentes aos problemas ambientais em nosso país vêm acompanhando o caminhar histórico das necessidades de ação e do desenvolvimento teórico do tema. Inicialmente, houve uma preocupação muito clara dirigida à ideia de desenvolvimento sustentável, entendendo a problemática ambiental como algo ligado somente a questões de devastação da natureza; mais recentemente, essa visão ampliou-se no sentido de regulamentar, inclusive, a educação ambiental.

Embora as discussões sobre a necessidade de conservar e preservar o ambiente natural brasileiro remontem ao período imperial, foi na década de 1930 que se realizou o primeiro evento de âmbito nacional sobre o tema. Trata-se da Primeira Conferência Brasileira de Proteção à Natureza, cujo resultado foi a elaboração dos códigos de caça e pesca, de minas, das águas e florestal (Giansanti, 1998).

Nessa direção, a Constituição de 1937 estabeleceu atribuições para a União, para os estados e os municípios, delimitando as esferas de responsabilidades de cada um deles no que tange à proteção das belezas naturais e dos monumentos históricos (Brasil, 1937). Além disso, nesse mesmo ano foi criada a primeira unidade de conservação do Brasil, o Parque Nacional do Itatiaia, na Serra da Mantiqueira, Rio de Janeiro, com o intuito de proporcionar lazer, recreação e contemplação e de preservar o patrimônio natural da região.

Em 1965, já haviam sido construídos 15 parques nacionais e 4 reservas biológicas, que visavam à conservação e à preservação dos ambientes naturais para uso futuro, à exploração das possibilidades turísticas e à realização de estudos. Contudo, a discussão da problemática ambiental no Brasil não passava pelas questões das comunidades tradicionais, dos danos causados pela modernização econômica e pelo progresso (Giansanti, 1998).

A criação de unidades de conservação teve grande impulso entre 1970 e 1986. Em 1979, foi elaborado o Plano de Sistema de Unidades de Conservação no Brasil, cuja administração seria responsabilidade do Instituto Brasileiro de Desenvolvimento Florestal (IBDF). A partir de 1989, as tarefas de criar e administrar unidades de conservação foram delegadas ao Instituto Brasileiro do Meio Ambiente e dos Recursos Naturais Renováveis (Ibama). No fim da década de 1980, muitos outros setores da sociedade civil, como partidos políticos, sindicatos, cientistas, representantes de comunidades tradicionais, passaram a interferir nas iniciativas de criação, manutenção e fiscalização das unidades de conservação (Giansanti, 1998).

O Snuc atualmente define e regulamenta as categorias de unidades de conservação nas instâncias federal, estadual e municipal. As unidades de conservação estão distribuídas em dois grandes agrupamentos, que agregam um total de 12 categorias de manejo. Cada uma dessas categorias se diferencia quanto à forma de proteção e os usos permitidos (Brasil, 2013c).

O primeiro agrupamento inclui as unidades de conservação de proteção integral, que têm como principal objetivo a conservação da biodiversidade. Esses espaços visam preservar a natureza em áreas onde a ação humana é pouco pronunciada e não permitem a utilização direta de recursos naturais. Essas unidades são subdivididas em cinco categorias, segundo Giansanti (1998):

1. **Estações ecológicas** – São áreas destinadas à pesquisa, à proteção e à educação ambientais. Pelo menos 90% de suas áreas devem se voltar à preservação integral. O restante é destinado à pesquisa e à educação.

2. **Reservas biológicas** – Contêm ecossistemas ou exemplares de fauna e flora de significativa importância biológica. Com extensão variável, são criadas em terras públicas, fechadas à visitação (exceto a pesquisadores autorizados) e com restrição total a qualquer tipo de exploração de recursos.

3. **Parques nacionais** – São áreas definidas pelo Código Florestal de 1965, criadas pela União para fins de preservação ecológica e proteção de espécies raras (animais e vegetais), recursos hídricos e estruturas geológicas. Podem ser usadas para lazer, pesquisas e educação ambiental. A exploração ou a extração de recursos são proibidas.

4. **Monumentos naturais** – São áreas que têm como objetivo básico a preservação de lugares singulares, raros e de grande beleza cênica, nos quais se permite a existência de propriedades privadas em seu interior.

O Código Florestal de 1965 esteve em processo de reformulação no início do século XXI. A medida provisória que pretendia reformá-lo, elaborada em 2001, seguia as normas do Conselho Nacional do Meio Ambiente (Conama), que defende a manutenção de 80% de reserva legal nas áreas de florestas na Amazônia, 35% nas de cerrado e 20% nos demais biomas. No entanto, a comissão responsável pela transformação da medida provisória em lei apresentou outra proposta para seu texto, não estabelecendo um índice mínimo para as áreas de reserva legal, o que poderia chegar a zero em algumas propriedades. Para maiores detalhes sobre a questão, visite o site: <http://www.inpa.gov.br/arquivos/CODIGO_FLORESTAL_COMENTADO.pdf>.

5. **Refúgios de vidas silvestres** – São ambientes naturais onde se asseguram condições para a existência ou a reprodução de espécies ou comunidades da flora local e da fauna residente ou migratória, permitindo-se a existência de propriedades privadas em seu interior.

O segundo agrupamento inclui as **unidades de conservação de uso sustentável**, nas quais se permitem várias formas de utilização dos recursos naturais, com a proteção da biodiversidade como um objetivo secundário. Nesse agrupamento, de acordo com Giansanti (1998), estão incluídas sete subdivisões:

1. **Florestas nacionais** – Criadas pelo Código Florestal de 1965, são áreas cobertas por matas nativas. Destinam-se ao uso sustentável de madeiras e outros produtos florestais, à proteção de recursos hídricos, ao manejo da fauna silvestre e ao lazer.

2. **Áreas de proteção ambiental (APAs)** – São unidades de conservação criadas para conservar a vida silvestre, os recursos naturais e os bancos genéticos, além de preservar a qualidade de vida dos habitantes locais. Podem ser de âmbito federal ou estadual.

3. **Reservas extrativistas** – São áreas da União usadas mediante concessão, sob regulamentação dos governos federal e estadual, nas quais não há títulos individuais de propriedade. Nelas, grupos e culturas tradicionais dedicam-se à extração de produtos de valor comercial, como látex, castanha-do-pará, caça e pesca não predatórias, roçados de subsistência.

4. **Áreas de relevante interesse** – São áreas de pequena extensão, com pouca ou nenhuma ocupação humana e

com características naturais singulares, nas quais o objetivo é manter ecossistemas naturais de importância regional ou local e regular seu uso admissível, sendo permitida a existência de propriedades privadas em seu interior.

5. **Reservas de fauna** – São áreas com populações animais de espécies nativas, terrestres ou aquáticas, onde são incentivados estudos técnico-científicos sobre o manejo econômico sustentável dos recursos faunísticos.

6. **Reservas de desenvolvimento sustentável** – São áreas naturais onde vivem populações tradicionais, cujos modos de vida se baseiam em sistemas sustentáveis de exploração dos recursos naturais.

7. **Reservas particulares do patrimônio natural** – São áreas de propriedade privada criadas para proteger a biodiversidade a partir da iniciativa do proprietário.

A importância de conhecer as definições anteriores deve-se ao fato de que algumas dessas áreas são destinadas à conservação e outras à preservação ambiental. A diferença entre esses dois conceitos revela as intenções político-econômicas do uso que será feito desses espaços. Isso permite tomar um posicionamento mais consciente em caso de necessidade de intervenção quando da criação/alteração de algum desses tipos de áreas em nosso espaço vivido – em nosso estado e, até mesmo, no território nacional.

Em termos essenciais, o papel genérico das unidades de conservação é a preservação da diversidade biológica e da diversidade cultural a ela associada (Primack; Rodrigues, 2001). Considerando o fato de que a ação educativa corresponde a um ato político na busca de sociedades mais sustentáveis, e tendo

> O Pronea tem como objetivo promover a articulação e potencializar as ações educativas voltadas às atividades de proteção, recuperação e melhoria socioambiental no Brasil.

como base os princípios do Tratado de Educação Ambiental para Sociedades Sustentáveis e Responsabilidade Global, o Instituto Brasileiro do Meio Ambiente e dos Recursos Renováveis (Ibama) – aliado ao Programa Nacional de Educação Ambiental (Pronea) –, desenvolveu, de 1995 a 2006, diversas ações para a estruturação da educação ambiental nas unidades de conservação, com enfoque principal na gestão participativa dessas áreas (Brasil, 2005).

Segundo Valenti et al. (2012), a educação ambiental desenvolvida nas unidades de conservação está incorporando alguns princípios das novas tendências da educação ambiental e das políticas públicas elaboradas nos últimos anos no Brasil. De forma geral, as unidades de conservação têm atendido a um público diverso, mas especialmente a grupos que apresentam relações com a gestão das unidades.

Em termos de legislação, a Constituição Federal de 1988 trouxe alterações significativas no modo de tratar as questões ambientais. Em seu art. 225, é estabelecido que "Todos têm direito ao meio ambiente ecologicamente equilibrado, bem de uso comum do povo e essencial à sadia qualidade de vida, impondo-se ao Poder Público e à coletividade o dever de defendê-lo e preservá-lo para as presentes e futuras gerações" (Brasil, 1988a). Nesse sentido, o artigo também estabelece diretrizes para a garantia desses direitos, das quais podem ser citadas:

- a preservação da biodiversidade;
- a definição de áreas de proteção;
- os estudos prévios de impacto ambiental para instalação de indústrias;

- a regulamentação para transporte e comércio de substâncias perigosas (tóxicas, inflamáveis etc.);
- as ações para evitar a extinção de espécies animais;
- a garantia de prática pedagógica escolar direcionada à educação ambiental.

Ainda em 1988, foi criada a legislação punitiva a ser aplicada em casos de crimes ambientais. Uma delas é a Lei n. 7.653, de 12 de fevereiro de 1988, que apresenta um caráter punitivo mais severo que suas antecessoras para casos de crimes ambientais. Essa lei considera crime inafiançável ações que prejudiquem a fauna silvestre e a vida vegetal que se desenvolve em áreas consideradas patrimônio nacional (floresta amazônica, mata atlântica, serra do mar, pantanal mato-grossense, zona costeira) e/ou de conservação e preservação (Brasil, 1988b).

No entanto, considera-se que, apesar do esforço, falta ainda maior clareza na legislação ambiental brasileira quanto às atribuições e responsabilidades. Há necessidade de uma definição mais evidente do que é competência da União, dos estados e dos municípios, como esferas autorizadas a permitir, proibir ou punir determinadas ações e/ou agressões ao meio natural. Outro aspecto diz respeito aos valores e às possibilidades de pagamento de multas diante do poder monetário de alguns infratores. Para as grandes empresas, privadas ou estatais, ainda que esse valor seja bem alto, não chega a abalar sua estrutura econômica diante dos lucros que alcançará com a ação que (acidentalmente ou irresponsavelmente) ocasionou o dano ao meio natural. Assim, as multas previstas em lei para danos ambientais são pesadas, contudo, em muitos casos, a aplicabilidade e a efetividade delas carecem de uma prática ambientalmente correta. Consequentemente, muitas dessas multas comprometem as atividades apenas dos pequenos exploradores/infratores.

Esse rápido olhar sobre a legislação ambiental tem caráter meramente ilustrativo. Acreditamos que, mais importante que mergulhar em uma discussão sobre legislação ambiental e todas as lacunas e contradições implícitas nela é compreender os princípios políticos e econômicos que regem a sociedade e o governo. Em uma sociedade capitalista, sabemos que esses princípios, em última instância, estão voltados ao lucro, à acumulação de riquezas e à ideologia do progresso. Por isso, a legislação tem feito uma mediação entre o necessário cuidado do meio ambiente, buscando alternativas para sua manutenção, e, ao mesmo tempo, possibilitando o prolongamento das atividades exploratórias por meio de intervenções menos agressivas.

4.1 Meio ambiente, qualidade de vida e saúde

Todas as discussões desenvolvidas até este momento confluem para a problemática da saúde e da qualidade de vida, pois as questões ambientais envolvem uma visão de mundo que se concretiza nas relações sociais e de produção, bem como nas relações entre homem-natureza e na configuração dos espaços urbano e rural onde vivemos. O modo como nos relacionamos, moramos, trabalhamos, produzimos, consumimos, nos alimentamos, nos divertimos ou utilizamos nosso tempo livre constitui nossa qualidade de vida e afeta nossa saúde, individual e coletiva.

As questões ligadas à saúde e à qualidade de vida da população estão subordinadas à economia (interna e externa) e à política desenvolvidas no país. O acesso que as diferentes classes sociais têm aos serviços e aos bens de consumo são determinados pela organização socioeconômica, pelas relações de produção e de trabalho. Todas essas questões estão intimamente ligadas à relação homem-natureza, mediada pelas políticas de produção e de consumo, que se diferenciam conforme as classes sociais e a educação.

Pelicioni (1998) afirma que o conceito de *qualidade de vida* ultrapassa o de *padrão* ou *nível de vida*, de satisfação das necessidades humanas do ter para a valorização da existência humana do ser. Por conseguinte, a qualidade de vida deve ser avaliada pela capacidade que tem determinada sociedade de proporcionar oportunidades de realização pessoal a seus indivíduos, nos sentidos psíquico, social e espiritual, ao mesmo tempo que lhes garante um nível de vida minimamente aceitável.

De acordo com Almeida, Gutierrez e Marques (2012), a dimensão que assume a qualidade de vida para cada cidadão agrega vários campos do conhecimento humano – biológico, social, político, econômico, médico, entre outros –, num constante processo de inter-relação. Esse novo campo se encontra em processo de afirmação de fronteiras e conceitos, e, por isso, definições sobre o termo são comuns, mas nem sempre concordantes.

As desigualdades sociais geram problemas e tensões que podem se agravar quando o aumento da riqueza de um país não é homogêneo para toda a população. No caso de um país como o Brasil, com tantas disparidades regionais, ocorrem deslocamentos populacionais (migrações internas) previamente estabelecidos que agravam crises institucionais de vários tipos.

Várias consequências desse processo de crescimento econômico afetam as pessoas e os grupos sociais em relação às suas condições de saúde e qualidade de vida. Como exemplo, podemos citar a ocupação desordenada de áreas urbanas, que resulta no surgimento de favelas. Em tais ocupações, o poder estatal mostra sua ineficiência no que se refere à saúde e à qualidade de vida da população: a falta de água tratada, da captação de esgoto, de coleta de lixo e de fornecimento de energia elétrica nessas áreas de submoradias contamina o ambiente, compromete a higiene individual e coletiva e acarreta graves problemas de saúde para seus habitantes. Contudo, os moradores dessas áreas estão inseridos nas relações sociais e econômicas da cidade e, como quaisquer outros habitantes, são envolvidos pelos apelos de mercado que despertam desejos de consumo nem sempre coerentes com suas carências reais. Na Figura 4.1, observa-se a presença marcante de antenas parabólicas numa favela, conectando seus moradores aos imperativos do modo de vida urbano e suas prerrogativas de consumo.

Figura 4.1 – Favela: antenas parabólicas e o desejo de consumo

Crédito: Fotolia

Além disso, o modelo da sociedade de consumo exige da indústria produção excedente, que gera desperdício, agravando a relação homem-natureza na perspectiva das agressões ao meio natural, entendido apenas como *recurso*.

A sociedade de consumo diversifica também o número e a qualidade dos serviços oferecidos para cada classe social. O acesso limitado aos melhores serviços não apenas compromete a qualidade de vida e, algumas vezes, a própria sobrevivência, como também oferece muito a poucos privilegiados que podem pagar pelo luxo e pelo desperdício. Outro aspecto a ser destacado é a velocidade com que a indústria de equipamentos eletroeletrônicos e automóveis lança novos e mais sofisticados modelos de seus produtos. Isso torna ultrapassados objetos adquiridos recentemente, o que leva a novo consumo e descarte desses objetos ainda em boas condições de uso e funcionamento. Nas maiores cidades do mundo, o lixo produzido por esse ciclo de produção-consumo é um problema de difícil solução e deixa suas marcas no ambiente.

Figura 4.2 – Depósito de lixo eletrônico

Crédito: Fotolia

A Figura 4.2 mostra um depósito repleto de aparelhos eletroeletrônicos em bom estado de uso, que foram trocados por outros mais atuais no mercado. Se todos os países do mundo consumissem e desperdiçassem como o Japão e os Estados Unidos, todas as reservas de matéria-prima não renovável do planeta (ferro, petróleo) já teriam acabado (Vesentini, 2000).

Como estudado no primeiro capítulo, em uma sociedade capitalista, as necessidades de consumo são continuamente aferidas e devem ser atendidas para que o indivíduo alcance a felicidade. Sem a felicidade do ter, muitas vezes a saúde física e mental sofre graves desequilíbrios. O ser torna-se menos importante quando não tem e, compreendido como socialmente insignificante, é distanciado, cada vez mais, das possibilidades de consumo de bens e serviços (Pelicione, 1998). O problema toma dimensões que ultrapassam a política e a economia, embora esteja enraizado nelas, para alcançar as áreas da razão, dos valores e da ética e depois voltar às transformações sociais e econômicas necessárias.

Dessa perspectiva teórica, Marx (2004, p. 108) escreve em seus *Manuscritos filosóficos*:

> A propriedade privada nos fez tão cretinos e unilaterais que um objeto só é nosso se o temos, portanto, quando existe para nós como capital ou quando é por nós imediatamente possuído, comido, bebido, trazido em nosso corpo, habitado por nós etc., enfim, usado [...]. Assim, todos os sentidos físicos e intelectuais foram substituídos pela simples alienação de todos eles, pelos sentidos do ter. (Marx, 2004, p. 108)

Parece, então, sem sentido discutir separadamente a problemática ambiental e as questões relativas à saúde e à qualidade de vida. Esses temas formam um grande bloco, inseparável, e estão ligados às mesmas raízes históricas e políticas. Ao problematizar um deles, os demais estão automaticamente inseridos na discussão.

No embate prático dessa forma de consumo, a educação ambiental surge como uma estratégia para além da escola. Entender que a sobrevivência da humanidade depende da manutenção dos recursos oriundos do ambiente é fundamental para uma mudança de comportamento na busca de um novo modo de vida nas relações entre o homem e a natureza. A dimensão da qualidade de vida transcende a superficialidade do consumo midiático, e esse é o argumento que sustenta o encaminhamento teórico desenvolvido neste livro.

Esse argumento se agrega às proposições de Gouveia (1999), que alerta para as perturbações da vida nas áreas urbanas, as quais incluem questões relativas à insuficiência dos serviços básicos de saneamento, à correta coleta e destinação adequada do lixo, às condições precárias de moradia, à poluição química e física do ar, da água e da terra. Essas perturbações criam uma complexidade multicausal nas questões de saúde, que, para serem mitigadas, requerem estratégias inovadoras. Entre essas estratégias, merecem destaque especial as ações em educação ambiental, cujo desafio é instigar, por meio de vivências, a conquista de uma melhor qualidade de vida e saúde nas áreas urbanas. Essas ações desenvolvidas nos variados espaços sociais geram a possibilidade de mobilizar e sensibilizar as pessoas em relação à transformação das diversas formas de participação na defesa do meio ambiente e da sua própria qualidade de vida.

Nesse sentido, Jacobi (2003) afirma que a dimensão ambiental se refere a uma questão que envolve um conjunto de atores do universo educativo, numa perspectiva interdisciplinar, na qual a produção e a disseminação do conhecimento deve, necessariamente, contemplar as inter-relações entre o meio natural e o social, incluindo a análise dos determinantes do processo. O ponto de partida para essa dura jornada está na análise do contexto no qual cada cidadão se percebe. Por meio do reconhecimento da amplitude de perturbações que afetam cada componente da esfera social e o seu ambiente, é possível buscar um novo modelo de relação com a biosfera. Por meio de situações pautadas em um processo de ensino e aprendizagem, os cidadãos engajam-se na construção de conhecimentos e numa interação social que traz benfeitorias a todos.

A humanidade constantemente age sobre o ambiente na busca da satisfação de suas necessidades e de seus desejos. Nesse contexto, cada cidadão reconhece, percebe, reage e responde de forma diferente. Porém, a educação é universal, e por meio dela é possível a aquisição de diferentes informações sobre tudo que nos rodeia, as quais nos permitem a percepção e a leitura do mundo numa perspectiva reflexiva, que nos conduzirá à compreensão da inserção da educação ambiental no processo educativo, mediante análise e interpretação de conteúdos e valores que permeiam diferentes disciplinas, fundamentadas nas vivências do cotidiano dos cidadãos. Desse modo, as questões ambientais e suas consequências exigem que cada cidadão assuma de forma integral sua responsabilidade com a natureza. Para tanto, é fundamental que se concilie a liberdade de viver com as concepções de desenvolvimento sustentável.

Com esse intuito, os programas de educação ambiental devem aplicar uma variedade de recursos didáticos para incitar uma mudança de mentalidade, comportamento e valores. Alguns desses recursos podem ser muito simples, outros, mais elaborados; contudo, independentemente de suas características, a adequada aplicação dos recursos certamente inclui a criatividade como elemento aliado daqueles que atuam como atores principais no âmbito do processo educativo.

> **Para saber mais**
>
> Leia, no *link* a seguir, o texto completo da Carta da Terra. Esse documento, elaborado durante uma década de interação intercultural e divulgado em 2000, apresenta princípios éticos considerados fundamentais para uma sociedade "justa, sustentável e pacífica" (A Carta..., 2014).
>
> A CARTA DA TERRA EM AÇÃO. O texto da Carta da Terra. Disponível em: <http://www.cartadaterrabrasil.org/prt/text.html>. Acesso em: 13 maio 2014.

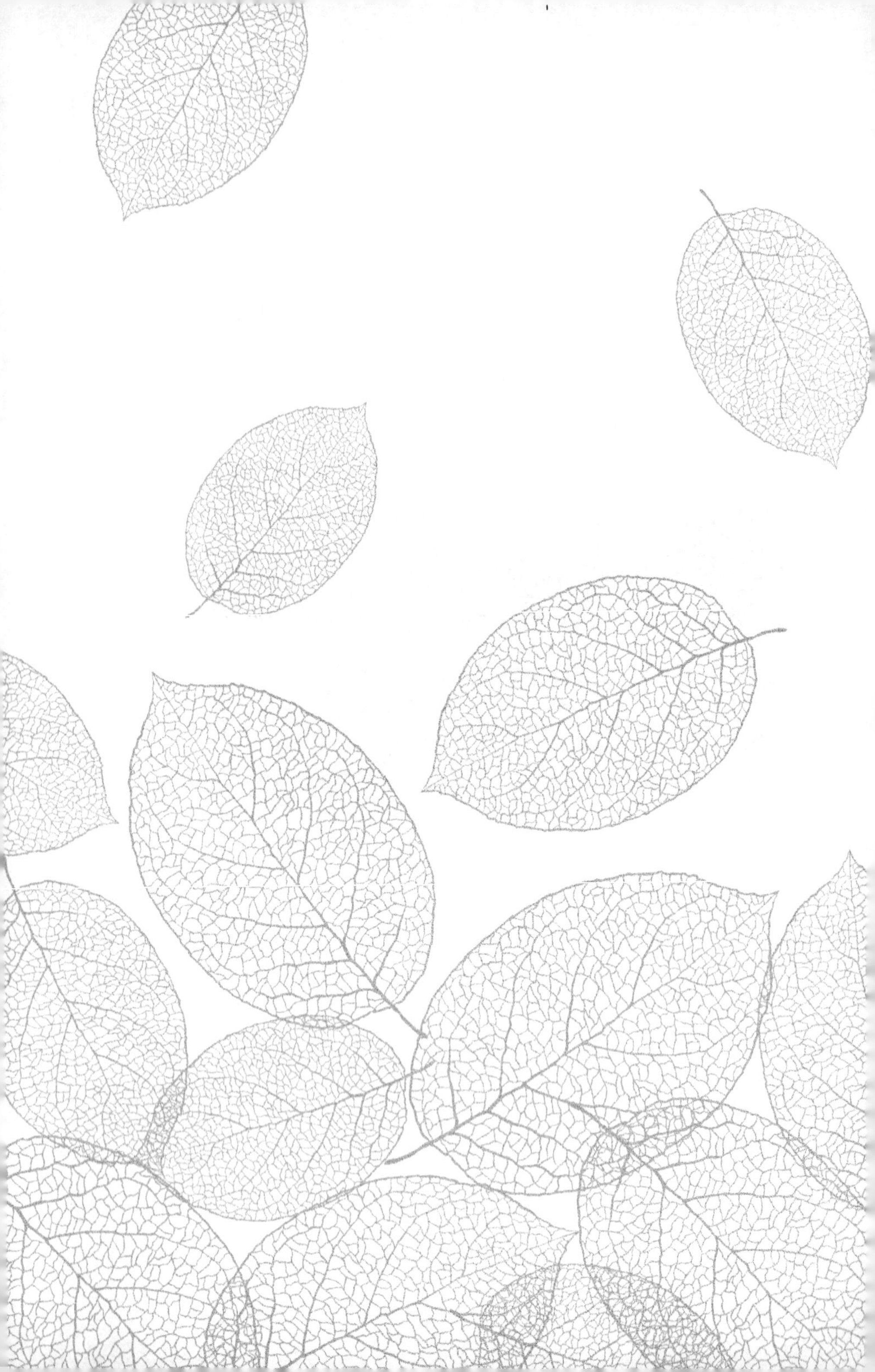

Considerações finais

Um dos maiores cuidados ao se propor a discussão sobre as questões socioambientais é evitar abordagens pessimistas ou descontextualizadas. Algumas enfraquecem os argumentos em favor das possibilidades de mudanças da relação sociedade-natureza, desenham um futuro assustador e conduzem as reflexões para um único caminho: o da ruptura completa com o atual modo de vida e a construção de uma nova sociedade. Outras pecam por abandonar a história e tratar a atual condição socioambiental como um dado *a priori*, desvinculado de um processo de construção da humanidade, que é marcado por escolhas políticas, características culturais e determinantes econômicos. Dessa perspectiva, amplia-se o fato de que os problemas de meio ambiente, saúde e qualidade de vida são frutos de escolhas feitas pela humanidade e, como tal, poderiam ter outra configuração, uma vez que somos sujeitos de nossa própria história.

Por isso, optamos por estruturar este livro iniciando-o pela discussão da construção da razão moderna, de modo que o leitor perceba que a humanidade passou a intervir mais agressivamente sobre a natureza em determinado momento da história, em função da maneira como foram se estruturando as relações políticas e de produção entre países e povos, em conformidade com o desenvolvimento do conhecimento científico moderno, cada vez mais desvinculado das explicações teístas.

Na sequência, procuramos argumentar sobre o contexto em que surgiram os primeiros debates sobre os problemas ambientais, suas diferentes tendências teóricas e conceituais, além de suas vinculações políticas e sociais. Articulada a isso, trouxemos para o texto a importância da educação ambiental, historicizando os principais eventos mundiais e apresentando os princípios que norteiam suas diferentes vertentes. Nesse ponto, dialogamos com autores que propõem a superação da problemática ambiental por meio da construção de uma nova sociedade, mas também abordamos teorias que defendem apenas a reforma e a adequação do atual *status quo*, de modo que o leitor possa fazer sua própria análise e escolha.

Na parte final, mostramos como a legislação vem enfrentando a questão ambiental e tentamos demonstrar a relação estreita existente entre nossa forma de produção e consumo e os consequências que isso causa à natureza, além daquelas que influem na qualidade de vida e na saúde individual e coletiva. Assim, vinculados esses elementos – produção, consumo, destruição ambiental, qualidade de vida e saúde –, buscamos estimular as reflexões sobre dois aspectos: o modo como eles afetam distintamente as diferentes classes sociais e, ao mesmo tempo, as consequências desastrosas que incidem sobre toda a sociedade, como florestas totalmente devastadas, rios mortos, lixões presentes nas paisagens urbanas, entre outras.

Desse modo, temos a clareza de que este livro suscita mais perguntas do que respostas. Entretanto, consideramos essa uma qualidade, uma vez que estimula reflexões que podem se tornar proposições coletivas e efetivas para alguns dos problemas discutidos. Finalmente, cabe-nos destacar que as questões que cercam a educação ambiental, a qualidade de vida, o meio ambiente e a saúde não se encerram neste diálogo. Não vivemos isoladamente, tampouco estamos parados. Somos seres vivos e nos articulamos com os demais elementos da biosfera. Nesse processo, muitos questionamentos suscitam nossa ação na busca de respostas para uma convivência saudável da humanidade consigo mesma, com sua história passada, presente e futura.

Referências

A CARTA DA TERRA EM AÇÃO. *O texto da Carta da Terra*. Disponível em: <http://www.cartadaterrabrasil.org/prt/text.html>. Acesso em: 13 maio 2014.

ALMEIDA, M. A. B.; GUTIERREZ, G. L.; MARQUES, R. *Qualidade de vida*: definição, conceitos e interfaces com outras áreas de pesquisa. São Paulo: EACH/USP, 2012.

ARANHA, M. L. de A. *Filosofia com textos*: temas e hitória da filosofia. São Paulo: Moderna 2012.

ARANHA, M. L. de A.; MARTINS, M. H. P. *Filosofando*: introdução à filosofia. 2. ed. São Paulo: Moderna, 1993.

BRASIL. Constituição (1937). *Diário Oficial da União*, Rio de Janeiro, 10 nov. 1937. Disponível em: <www.planalto.gov.br/ccivil_03/constituicao/constituicao37.htm>. Acesso em: 14 mar. 2014.

_____. Constituição (1988). *Diário Oficial da União*, Brasília, DF, 5 out. 1988a. Disponível em: <http://www.planalto.gov.br/ccivil_03/constituicao/constituicao.htm>. Acesso em: 22 jun. 2013.

_____. Lei n. 6. 938, de 31 de agosto de 1981. *Diário Oficial da União*, Brasília, DF, 2 set. 1981. Disponível em: <www.

planalto.gov.br/ccivil_03/leis/l6938.htm>. Acesso em: 14 mar. 2014.

BRASIL. Lei n. 7.653, de 12 de fevereiro de 1988. *Diário Oficial da União*, Brasília, DF, 17 fev. 1988b. Disponível em: <http://www.planalto.gov.br/ccivil_03/leis/L7653.htm>. Acesso em: 16 ago. 2013.

____. Lei n. 9.985, de 18 de julho de 2000. *Diário Oficial da União*, Brasília, DF, 19 de jul. 2000. Disponível em: <www.planalto.gov.br/ccivil_03/leis/l9985.htm>.Acesso em: 14 mar. 2014.

BRASIL. Ministério da Educação. Secretaria de Educação Fundamental. *Parâmetros Curriculares Nacionais*: Meio Ambiente. Brasília, 1997. Disponível em: <ftp://ftp.fnde.gov.br/web/pcn/05_08_meio_ambiente.pdf>. Acesso em: 21 jun. 2013.

BRASIL. Ministério do Meio Ambiente. *Convenção da diversidade biológica*. Disponível em: <http://www.mma.gov.br/biodiversidade/convencao-da-diversidade-biologica>. Acesso em: 20 jun. 2013a.

BRASIL. Ministério do Meio Ambiente. Diretoria de Educação Ambiental. Ministério da Educação. Coordenação Geral de Educação Ambiental. *Programa nacional de educação ambiental – ProNEA*. 3. ed. Brasília: MMA, 2005. Disponível em: <http://www.mma.gov.br/estruturas/educamb/_arquivos/pronea3.pdf>. Acesso em: 11 set. 2013.

____. *Histórico Mundial*. Disponível em: <http://www.mma.gov.br/educacao-ambiental/politica-de-educacao-ambiental/historico-mundial>. Acesso em: 7 ago. 2013b.

____. *Sistema Nacional de Unidades de Conservação – SNUC*. Disponível em: <http://www.mma.gov.br/

educacao-ambiental/politica-de-educacao-ambiental/historico-mundial>. Acesso em: 7 ago. 2013c.

BRASIL. Ministério do Meio Ambiente. *Tratado de Educação Ambiental para Sociedades Sustentáveis e Responsabilidade Global*. Disponível em: <http://www.meioambiente.pr.gov.br/arquivos/File/coea/Tratado_Educacao_Ambiental.pdf>. Acesso em: 21 jun. 2013d.

_____. *Unidades de conservação*. Disponível em: <http://www.mma.gov.br/areas-protegidas/unidades-de-conservacao>. Acesso em: 16 ago. 2013e.

CASCINO, F. A. *Educação ambiental*. São Paulo: Senac, 1999.

CHAUI, M. *Convite à filosofia*. São Paulo: Ática, 2000.

CUBA, M. A. Educação ambiental nas escolas. *ECCOM*, São Paulo, v. 1, n. 2, p. 23-31, jul./dez. 2010. Disponível em: <http://publicacoes.fatea.br/index.php/eccom/article/viewFile/403/259>. Acesso em: 16 ago. 2013.

DELGADO, S. A ecopedagogia e os ecos da "nossa casa" – o planeta. *Ciência Geográfica*, Bauru, v. 15, n. 1, p. 88-90, jan./dez. 2011. Disponível em: <http://www.agbbauru.org.br/publicacoes/revista/anoXV_1/AGB_dez2011_artigos_versao_internet/AGB_dez2011_12.pdf>. Acesso em: 16 ago. 2013.

DIAS, G. F. *Educação ambiental*: princípios e práticas. São Paulo: Gaia, 1994.

FIUGUEIREDO, T. Sentir, pensar e agir: a educação ambiental na perspectiva biocêntrica. *Revista Pensamento Biocêntrico*, n. 9, p. 85-110, jan./jun. 2008. Disponível em: <http://www.pensamentobiocentrico.com.br/content/edicoes/pensamento_biocentrico_09.pdf>. Acesso em: 16 ago. 2013.

GADOTTI, M. *Pedagogia da terra*. São Paulo: Petrópolis, 2000.

_____. Princípios e valores para o desenvolvimento sustentável. *Agenda 21 – Brasil Sustentável*, Brasília, p. 32-35. Disponível em: <http://www.mma.gov.br/estruturas/agenda21/_arquivos/revista_final_A21.pdf>. Acesso em: 21 jun. 2013.

GIANSANTI, R. *O desafio do desenvolvimento sustentável*. São Paulo: Atual, 1998.

GOUVEIA, N. Saúde e meio ambiente nas cidades: os desafios da saúde ambiental. *Saúde e Sociedade*, São Paulo, v. 8, n. 1, p. 49-61, jan./fev. 1999. Disponível em: <http://www.scielo.br/pdf/sausoc/v8n1/05.pdf>. Acesso em: 16 ago. 2013.

JACOBI, P. Educação ambiental, cidadania e sustentabilidade. *Cadernos de Pesquisa*, São Paulo, n. 118, p. 189-205, mar. 2003. Disponível em: <http://www.scielo.br/pdf/cp/n118/16834.pdf>. Acesso em: 16 ago. 2013.

LIMA, W. Aprendizagem e classificação social: um desafio aos conceitos. Fórum Crítico da Educação. *Revista do ISEP/Programa de Mestrado em Ciências Pedagógicas*, v. 3, n. 1, p. 29-56, out. 2004.

LORENZETTI, M. S. B. *A Rio+10 e os governos locais*. Disponível em: <http://www2.camara.leg.br/documentos-e-pesquisa/publicacoes/estnottec/209342.pdf>. Acesso em: 5 set. 2013.

MARCATTO, C. *Educação ambiental*: conceitos e princípios. Belo Horizonte: Feam, 2002.

MARCONDES, D. *Introdução à história da filosofia*. Rio de Janeiro: J. Zahar, 2001.

MARX, K. *Manuscritos econômicos e filosóficos*. São Paulo: Boitempo, 2004.

MARX, K.; ENGELS, F. *A ideologia alemã*. São Paulo: Centauro, 2002.

MUDANÇAS CLIMÁTICAS – Informações e reflexões para um jornalismo contextualizado. *Relatório Brundtland e a sustentabilidade*. Disponível em: <http://www.mudancasclimaticas.andi.org.br/node/91>. Acesso em: 16 ago. 2013.

OLIVA, J.; GIANSANTI, R. *Espaço e modernidade*: temas da geografia do Brasil. São Paulo: Atual, 1999.

O'RIORDAN, T. The Challenge for Environmentalism. In: PEET, R.; THRIFT, N. (Ed.). *New Models in Geography*. London: Unwin Hyman, 1989. p. 77-102.

O SUCESSO meteórico da Internet. *Revista Veja*, ano 31, n. 1557, p. 36, jul. 1998. Disponível em: <http://veja.abril.com.br/acervodigital/home.aspx>. Acesso em: 11 set. 2013.

PELICIONE, M. C. F. Educação ambiental, qualidade de vida e sustentabilidade. *Revista Saúde e Sociedade*, São Paulo, v. 7, n. 2, p. 19-31, ago./dez. 1998. Disponível em: <http://www.scielo.br/pdf/sausoc/v7n2/03.pdf>. Acesso em: 16 ago. 2013.

_____. Ambientalismo e educação ambiental: dos discursos às práticas sociais. *O Mundo da Saúde*, São Paulo, v. 30, n. 4, p. 532-543, out./dez. 2006.

PORTAL BRASIL. *O que é COP*. Disponível em: <http://www.brasil.gov.br/sobre/meio-ambiente/cop/>. Acesso em: 7 ago. 2013.

PRIMACK, R. B.; RODRIGUES, E. *Biologia da conservação*. Londrina: Planta, 2001.

ROCHA, P. E. D. *Ambientalismo, ecologia, educação ambiental e universidade*: o árduo, mas possível caminho da

Institucionalização da interdisciplinaridade ambiental no Brasil. Disponível em: <http://www.educadores.diaadia. pr.gov.br/arquivos/File/2010/artigos_teses/Biologia/ Artigos/ambientalismo.pdf>. Acesso em: 16 ago. 2013.

SEVCENKO, N. *A corrida para o século XXI*: no loop da montanha russa. São Paulo: Cia. das Letras, 2001.

SOUZA SANTOS, B. *Pela mão de Alice*: o social e o político na pós-modernidade. 2. ed. São Paulo: Cortez, 2010.

TOZONI-REIS, M. F. C. Pesquisa-ação: compartilhando saberes. Pesquisa e ação educativa ambiental. In: FERRARO JUNIOR, L. A. (Org.). *Encontros e caminhos*: formação de educadoras(es) ambientais e coletivo educadores. Brasília: Ministério do Meio Ambiente, 2005.

UNESCO – Organização das Nações Unidas para a Educação, a Ciência e a Cultura. *Carta de Belgrado*. 1975. Disponível em: <http://openlink.br.inter.net/jctyll/1903.htm>. Acesso em: 18 abr. 2013.

VALENTI, M. et. al. Educação ambiental em unidades de conservação: políticas públicas e a prática educativa. *Educação em Revista*, Belo Horizonte, v. 28, n. 1, p. 267-288, mar. 2012. Disponível em: <http://www.scielo.br/pdf/edur/v28n1/a12v28n1.pdf>. Acesso em: 16 ago. 2013.

VESENTINI, J. W. *Sociedade e espaço*: geografia geral e do Brasil. São Paulo: Ática, 2000.

Sobre as autoras

Maria Eneida Fantin é natural de Jandaia do Sul – PR. Cursou licenciatura e bacharelado em Geografia na Universidade Federal do Paraná (UFPR) e pós-graduação em Antropologia Cultural nessa mesma instituição. É mestre em Tecnologia pela Universidade Tecnológica Federal do Paraná (UTFPR) e atua como professora da educação básica desde 1986, com experiência no ensino de Geografia nos anos finais dos ensinos fundamental e médio. No entanto, a maior parte de sua atuação profissional se deu no curso de formação de professores em nível médio.

Foi professora substituta da UFPR, onde ministrou a disciplina de Metodologia do Ensino de Geografia para estudantes dos cursos de Geografia e de Pedagogia, e tem um livro sobre esse tema publicado pela Editora InterSaberes. Atuou em políticas educacionais por sete anos (2004-2010), período em que atuou na Secretaria de Estado da Educação e coordenou o processo de elaboração das Diretrizes Curriculares Estaduais para a Educação Básica. Atualmente, é professora da rede estadual, lecionando no Instituto de Educação do Paraná Professor Erasmo Pilotto, e da rede privada, nas Faculdades Integradas do Brasil, onde ministra aulas no curso de Pedagogia e desempenha também a função de assessora da direção acadêmica.

Edinalva Oliveira é natural de Porecatu – PR. Cursou licenciatura em Ciências Biológicas na Universidade Federal do Paraná (UFPR). Tem especialização em Educação Especial, mestrado e doutorado em Ciências Biológicas – área de concentração: zoologia, todos pela mesma instituição. Atua como professora da educação básica desde 1986, com experiência no ensino de Ciências nos anos finais dos ensinos fundamental e médio. Entretanto, a maior parte de sua atuação profissional se deu no curso de formação de professores em nível médio.

Tem artigos publicados em periódicos nacionais e internacionais na área de ciências biológicas. É coautora de livro didático para o ensino de Ciências e capítulos de livro publicado pelo Instituto Ambiental do Paraná (IAP). Atualmente, é professora da rede estadual, lecionando no Instituto de Educação do Paraná Professor Erasmo Pilotto, e na rede privada, na Universidade Positivo (UP), na qual ministra aulas nos cursos de Ciências Biológicas, Enfermagem, Nutrição e Pedagogia.

Os papéis utilizados neste livro, certificados por instituições ambientais competentes, são recicláveis, provenientes de fontes renováveis e, portanto, um meio responsável e natural de informação e conhecimento.

FSC
www.fsc.org
MISTO
Papel | Apoiando
o manejo florestal
responsável
FSC® C103535

Impressão: Reproset
Julho/2023